Bendiciones
para cada día

*Refrigerio espiritual
para mujeres*

CASA PROMESA
Una división de Barbour Publishing, Inc.

Desarrollo editorial: Semantics, P.O. Box 290186, Nashville, TN 37229, semantics01@comcast.net

Escrito y compilado: Rebecca Currington, Debbie Kubik Evert, Shanna Gregor y Carol Smith en asociación con Snapdragon Group™ Editorial Services

Publicado por Casa Promesa, Inc., 1810 Barbour Drive, Uhrichsville, Ohio 44683.

Nuestra misión es inspirar al mundo con el mensaje transformador de la Biblia.

Member of the
Evangelical Christian
Publishers Association

Impreso en China.

Contenido

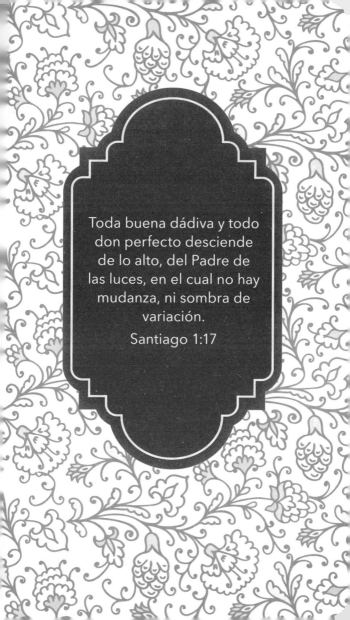

Toda buena dádiva y todo
don perfecto desciende
de lo alto, del Padre de
las luces, en el cual no hay
mudanza, ni sombra de
variación.

Santiago 1:17

Introducción

Las bendiciones son regalos de Dios para nosotros: pequeñas o grandes, las produce el rebose de su gran amor. Mayormente las reconocemos cuando incluyen el alivio de una enfermedad o una provisión económica para una necesidad crítica; pero somos dados a dar por hecho la luz del sol que ilumina nuestros días y eleva nuestro espíritu, el afecto de los amigos y de la familia, la bondad de los extraños.

Bendiciones para cada día fue creado con el propósito de abrir tus ojos a las bendiciones que te rodean, de animarte a disfrutar de la bondad de nuestro asombroso Dios. Es nuestra oración que, según avances por estas páginas, puedas ver la mano de Dios en cada aspecto de tu vida, llenándote de bondad, esperanza, gozo y paz.

Capacidades

Teniendo diferentes dones,
según la gracia que nos es dada.
ROMANOS 12:6

Dios ha bendecido a cada persona —a todas y cada una— con algún don o capacidad con la que servir a otros y dar gloria a su nombre. Algunas capacidades son obvias —brillan con luz propia ante todo el mundo—, pero otras funcionan por debajo del radar. Incluyen cosas como la capacidad de orar eficazmente, amar a los que nadie ama, o escuchar con atención. Pide a Dios que abra tus ojos a tus capacidades especiales. Son bendiciones de Dios para ti.

No descuides el don que hay en ti…
Ocúpate en estas cosas; permanece
en ellas, para que tu aprovechamiento
sea manifiesto a todos.

1 TIMOTEO 4:14-15

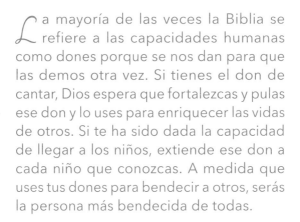

La mayoría de las veces la Biblia se refiere a las capacidades humanas como dones porque se nos dan para que las demos otra vez. Si tienes el don de cantar, Dios espera que fortalezcas y pulas ese don y lo uses para enriquecer las vidas de otros. Si te ha sido dada la capacidad de llegar a los niños, extiende ese don a cada niño que conozcas. A medida que uses tus dones para bendecir a otros, serás la persona más bendecida de todas.

Abundancia

Alegraos y gozaos en Jehová vuestro Dios; porque os ha dado la primera lluvia a su tiempo, y hará descender sobre vosotros lluvia temprana y tardía como al principio.

JOEL 2:23

Como seres humanos, estamos limitados en lo que podemos proveer para aquellos a los que amamos; nuestros recursos, tanto materiales como emocionales, son finitos. Pero Dios no tiene límites. Él bendice a sus hijos mucho más allá de nuestro entendimiento. Él hace algo más que sólo derramar sus bendiciones sobre nosotros, pues nos envía lluvias abundantes de bendición en cada estación de nuestras vidas. Tú eres una mujer rica, y cuando veas todo lo que Dios ha provisto para ti, no querrás salirte de la lluvia.

Gracia y paz os sean multiplicadas.

1 PEDRO 1:2

A medida que ves las bendiciones de Dios rodeando tu vida, cierra tus ojos y mira igualmente en tu interior. Dios también te ha provisto de gracia y paz abundantes. La gracia que te permite ser quien eres genuinamente y la paz de saber que Dios te acepta tal y como eres. Las mujeres son personas maravillosamente emocionales, las guardadoras de la vida interior. Si tus lugares interiores están oscuros y vacíos, invita a Dios a llenarlos para que su bondad se desborde.

Aceptación

[Dios] nos escogió en él antes de la
fundación del mundo… según el puro
afecto de su voluntad, para alabanza
de la gloria de su gracia, con la cual
nos hizo aceptos en el Amado.

EFESIOS 1:4-6

Puede que nunca recibas la aceptación
total y la aprobación de las personas
que hay en tu vida, pero Dios ya te ha dado
su aprobación, su aceptación. Él te escogió.
Piensa en esto: ¡el Dios Todopoderoso te
escogió! Nadie le obligó, su motivo no
fue la pena, sino que la Biblia dice que Él
te creó y dijo que su obra era "buena". Él
está orgulloso del "tú" que ha hecho, y le
mueve su amor por ti: así tal y como eres.

Recibíos los unos a los otros,
como también Cristo nos recibió,
para gloria de Dios.

ROMANOS 15:7

Al igual que Dios te ha aceptado, Él te pide que aceptes a otros. Eso no significa que debas aceptar sus comportamientos aberrantes o mantener tu boca cerrada cuando veas a personas hacer cosas que no deberían. Aceptar a otros significa apreciar que cada persona fue creada por Dios y Él les ama, y por esa razón son valiosas. Al amar a Dios, debes amar a quien Él ama y aceptar a quien Él acepta. Esa es la única respuesta adecuada a un Creador tan grande.

Logro

Árbol de vida es el deseo cumplido.
PROVERBIOS 13:12

¡Eres una mujer afortunada! Vives en una época en que las mujeres pueden lograr todo lo que se propongan hacer. ¿Aún quedan obstáculos? Claro, pero nada que no puedas superar. Dios te ha dado algo especial para hacer en este mundo, y lo sabrás por el deseo que sientas muy dentro de ti. Pídele a Dios que te guíe, que te conceda su sabiduría, gracia y fuerza, y luego lánzate por ello. Nada se puede comparar con el gozo de lograr la voluntad de Dios para tu vida.

Encomienda a Jehová tus obras,
y tus pensamientos serán afirmados.

PROVERBIOS 16:3

Cualquier cosa que Dios te haya llamado a lograr en tu vida, Él no te ha llamado para lograrlo sola. Él está siempre ahí, proveyendo los recursos que necesites para llevarlo a cabo. Eso no significa que no tropezarás durante el camino o que no encontrarás dificultades. Lo que sí significa es que puedes pedir el consejo y los recursos del Dios Todopoderoso para ayudarte. Ya sea que necesites sabiduría, inspiración, confianza, fortaleza o tan sólo tenacidad, encontrarás la respuesta en Él.

Ambición

Estad firmes y constantes,
creciendo en la obra del Señor
siempre, sabiendo que vuestro
trabajo en el Señor no es en vano.

1 CORINTIOS 15:58

Definida en términos sencillos, ambición significa determinación a tener éxito. Es algo positivo; de hecho, esencial para lograr la voluntad y el propósito de Dios para tu vida. Te ayuda a mirar más allá de los obstáculos que hay en tu camino –edad, salud, educación, falta de finanzas, etc.– para ver el premio que te espera al otro lado. Dios quiere que seas decidida, incluso ambiciosa. Él te ha dado esa motivación interior para ayudarte a terminar la tarea que Él te ha asignado. ¡Dale gracias por ello!

Nada hagáis por contienda o por vanagloria; antes bien con humildad, estimando cada uno a los demás como superiores a él mismo.

FILIPENSES 2:3

La ambición es una característica positiva, siempre que no comience a conquistar tu vida. ¿Estás persiguiendo tus metas —aun metas que Dios te ha dado— a costa de otros? A causa de tener el control, la ambición puede que te haga hacer cosas que de otra forma no harías. Dios espera que emparejes tu ambición con la bondad, ya que sólo entonces estarás logrando verdaderamente la voluntad de Él para ti, y sólo entonces cumplirás verdaderamente los deseos que Él ha puesto en tu corazón.

Apariencia

Vuestro atavío no sea el externo de peinados ostentosos, de adornos de oro o de vestidos lujosos, sino el interno, el del corazón, en el incorruptible ornato de un espíritu afable y apacible, que es de grande estima delante de Dios.

1 PEDRO 3:3-4

La mayoría de las mujeres se preocupan de su apariencia. Por eso llevan espejos en el bolso y compran miles de millones de dólares en maquillaje cada año. No hay nada malo en cuidar la apariencia siempre y cuando te acuerdes también de arreglar y acicalar tu interior. Dios quiere que tu belleza sea más profunda que tu piel. Él quiere que llegue hasta el corazón. Trabaja para ser tan plenamente hermosa como fuiste creada para ser.

Porque Jehová no mira lo que mira
el hombre; pues el hombre mira lo
que está delante de sus ojos,
pero Jehová mira el corazón.

1 SAMUEL 16:7

Cuando Dios te mira, Él ve una mujer hermosa, un templo digno de su Espíritu. Él ve tu virtuosa vida y tus buenas actitudes. Él ve una persona cuyo corazón ha sido limpiado y totalmente sometido a su voluntad y propósito. Él ve una belleza que a menudo otros no ven. Él ve una belleza interior que trasciende cualquier característica física, sea buena o mala. Dios te ve como realmente eres.

Armadura de Dios

Vestíos de toda la armadura de Dios,
para que podáis estar firmes contra las
asechanzas del diablo.

EFESIOS 6:11

Es una buena idea que cada mujer tome unas clases básicas de defensa personal para protegerse en este mundo lleno de depredadores. Una mujer sabia aprenderá también a defenderse espiritualmente. Dios te ha provisto de toda una armadura con este fin: verdad, justicia, paz, fe y salvación. Llévalos dondequiera que vayas, porque tienes un enemigo que quiere quitarte todo lo que tienes. Mantente preparada para resistirle y derrotarle.

Porque no tenemos lucha
contra sangre y carne, sino contra
principados, contra potestades, contra
los gobernadores de las tinieblas de
este siglo, contra huestes espirituales
de maldad en las regiones celestes.

EFESIOS 6:12

En el reino de Dios, las mujeres están llamadas a ser guerreras. Junto a sus hermanos cristianos, se les pide que peleen contra las fuerzas del mal que intentan destruir las vidas humanas e impedir que conozcan a su Creador. Esta es una batalla que se libra en la esfera de lo espiritual contra un enemigo que sabemos que está ahí pero que no podemos ver. Ponte tu armadura espiritual y pídele a Dios que te indique dónde está tu puesto en la lucha; y después: ¡ve por la victoria!

Mi carne y mi corazón desfallecen;
mas la roca de mi corazón y mi
porción es Dios para siempre.

SALMO 73:26

Por naturaleza, una mujer necesita seguridad: la confirmación de que es lo suficientemente guapa, inteligente, agradable. Dios quiere que sepas: "¡eres más que suficiente!" Él está complacido contigo, y quiere que estés segura de que Él siempre estará ahí para ayudarte. No tienes que temer que Él se vaya a cansar de ti, a perder su interés y abandonarte, porque eres preciosa para Él, independientemente de tu edad, tu condición, tus circunstancias. Eres importante para Él.

Y el que nos confirma con vosotros
en Cristo, y el que nos ungió, es Dios,
el cual también nos ha sellado, y nos
ha dado las arras del Espíritu
en nuestros corazones.

2 CORINTIOS 1:21-22

La última vez que compraste una casa
o un auto, o pediste un crédito, ¿te lo
autorizaron? Te sentiste bien, ¿no es cierto?
En un sentido real, has sido autorizada
para el reino de Dios. Él te ha dado su
Palabra y te dio el sello de su promesa
eterna. Le perteneces, y Él está totalmente
comprometido a ayudarte a convertirte en
todo aquello para lo que fuiste creada.
Puedes darle la espalda, es cierto, pero Él
nunca te dará su espalda a ti.

Actitud

Y renovaos en el espíritu de vuestra
mente [teniendo una actitud
espiritual y mental fresca].

EFESIOS 4:23

Tu actitud puede afectar a tu nivel de felicidad sustancialmente. Es cierto. Cuando tu mente es asaltada diariamente por "los malos pensamientos" —cosas como, "no soy lo suficientemente buena", "Nadie me ama", "Nunca alcanzaré mis sueños"—, es muy difícil ser feliz. Por el contrario, cuando piensas en cosas buenas —cosas de Dios—, tu nivel de felicidad aumentará. ¡Inténtalo! "Dios me ama", "Dios está siempre a mi lado cuidándome", "Dios me ha hecho una vencedora". Esto marcará una gran diferencia.

Despojaos del viejo hombre, que está viciado conforme a los deseos engañosos, y renovaos en el espíritu de vuestra mente, y vestíos del nuevo hombre, creado según Dios en la justicia y santidad de la verdad.

EFESIOS 4:22-24

La clave para una gran actitud es elevarte por encima de tus viejos patrones de pensamiento y comenzar a pensar como Dios piensa. La Biblia dice que no podemos tener los pensamientos de Dios, porque son demasiado altos y santos; pero puedes pensar como Dios, elevando tu mente y tu vista para enfocarte en lo bueno, lo justo, lo santo, en cómo ayudar y animar a otros, en formas de expresar tu agradecimiento. Una actitud es simplemente una respuesta a lo que ves; mantén tu mente sintonizada en lo bueno.

Creencia

Porque es necesario que el que se acerca a Dios crea que le hay, y que es galardonador de los que le buscan.

HEBREOS 11:6

La creencia es una de esas cosas que no se pueden ver físicamente, pero aún así lo tienes. Por ejemplo, crees que una silla te sostendrá cuando te sientes en ella. No puedes explicar la física de eso, pero te sientas creyendo que hará lo que se supone que deba hacer. La creencia en Dios es igual. Confías en que Él hará lo que dijo que haría. La Biblia, su palabra escrita, está llena de esas promesas.

En el último y gran día de la fiesta,
Jesús se puso en pie y alzó la voz,
diciendo: Si alguno tiene sed,
venga a mí y beba. El que cree en mí,
como dice la Escritura, de su interior
correrán ríos de agua viva.

JUAN 7:37-38

¿Has estado alguna vez tan sedienta que nada podía saciar tu sed? Estás desesperada por encontrar una resolución, intentas todo lo que está a tu alcance, incluso pruebas con sucedáneos, pero son sólo eso: un sustituto de lo auténtico. A veces no estamos sedientas sólo físicamente, sino que tenemos ese tipo de sed profunda en nuestra alma. Estás buscando algo en tu vida que sacie completamente tu alma reseca. Jesús dijo que sólo Él puede satisfacer ese tipo de sed. Él está ahí, no esperes, porque Él puede llenar tu vida hasta rebosar.

Biblia

Lámpara es a mis pies tu palabra,
y lumbrera a mi camino.

SALMO 119:105

Ojalá la vida viniera con un manual de instrucciones, te habrás dicho alguna vez. Ayuda para cuando no sabes qué hacer. La Biblia está llena de historias de personas comunes y corrientes que pasaron por problemas y triunfos, dolor y gozo. A diferencia de las historias que vemos hoy en la televisión, no todas las historias tienen un final feliz. La gente vio las consecuencias de sus acciones erróneas. A través de todo ello, Dios enciende una luz para nuestro camino hoy.

La palabra de Dios es viva y eficaz, y más cortante que toda espada de dos filos; y penetra hasta partir el alma y el espíritu, las coyunturas y los tuétanos, y discierne los pensamientos y las intenciones del corazón.

HEBREOS 4:12

La Biblia es la carta de amor de Dios para ti. No es esa boba novela romántica que encuentras en los grandes almacenes. Los personajes de esas historias sólo se ofrecen entre ellos un amor condicional, pero el amor de Dios es incondicional. Desde las primeras palabras en el libro de Génesis, donde Dios creó los cielos y la tierra, Él te está comunicando su amor. Es la carta de amor que siempre has anhelado leer. Ábrela y compruébelo por ti misma.

Cargas

Jesús dijo: Venid a mí todos los que
estáis trabajados y cargados,
y yo os haré descansar.

MATEO 11:28

Cansada. Cargada. Necesito descanso. Estas palabras son como un apunte repetitivo en el diario de cada mujer. La mayoría de las mujeres sienten que se han ganado el derecho a estar cargadas. ¿Qué otra cosa sino cansancio podrían tener con todo lo que tienen que hacer? Jesús dijo que Él daría descanso a los que están cansados, que Él aliviaría nuestras cargas. Toma las cargas una por una y entrégaselas a Él, y luego descansa en la paz de que Jesús tiene nuestras vidas en la palma de su mano.

Sobrellevad los unos las cargas
de los otros, y cumplid
así la ley de Cristo.

GÁLATAS 6:2

¿Has visto el tamaño de las mochilas de los niños últimamente? Sus espaldas se curvan con el peso de los libros, cuadernos y "cosas". Los niños llevan esas mochilas todo el día en sus cansados hombros, y sienten alivio cuando sueltan las pesadas mochilas en casa. Las cargas que tú llevas cada día podrían estar causando que tus hombros se encorven. Lleva esas preocupaciones y cargas a Dios, ya que Él ha prometido aliviar tu carga poniendo su hombro junto al tuyo.

Porque Jehová el Señor me ayudará,
por tanto no me avergoncé; por eso
puse mi rostro como un pedernal,
y sé que no seré avergonzado.

ISAÍAS 50:7

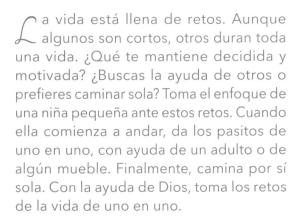

La vida está llena de retos. Aunque algunos son cortos, otros duran toda una vida. ¿Qué te mantiene decidida y motivada? ¿Buscas la ayuda de otros o prefieres caminar sola? Toma el enfoque de una niña pequeña ante estos retos. Cuando ella comienza a andar, da los pasitos de uno en uno, con ayuda de un adulto o de algún mueble. Finalmente, camina por sí sola. Con la ayuda de Dios, toma los retos de la vida de uno en uno.

Corramos con paciencia la carrera que
tenemos por delante, puestos
los ojos en Jesús, el autor y
consumador de la fe.

HEBREOS 12:1-2

¿Alguna vez te has cansado de los
retos de la vida? ¿Desearías poder
vivir una vida libre de preocupaciones y
predecible? Aunque eso no es posible, sí
puedes tener una perspectiva diferente de
los retos que salen a tu encuentro. La Biblia
dice que encontraremos obstáculos en esta
vida. Después de todo, este mundo no es
nuestro hogar, sino tan sólo una residencia
temporal. No obstante, mientras estamos
aquí, Dios prometió su presencia, amor y
consuelo. Él caminará a tu lado y te dará
la fuerza para vencer cualquier cosa que
encuentres en tu camino.

Cambio

Jesucristo es el mismo ayer,
y hoy, y por los siglos.

HEBREOS 13:8

Tu horario fluctúa de día en día, y tu calendario así lo demuestra. Hace décadas, la vida era casi todos los días lo mismo, especialmente para las mujeres. La mayoría de lo que hacíamos era para los demás: la iglesia y grandes comidas familiares los domingos, lavar los lunes, planchar los martes, etc. ¿No estás contenta de vivir en una época donde puedes experimentar cosas nuevas cada día? Si buscas uniformidad, mira a Jesús. Su carácter amoroso nunca cambia. Él era, es, y será.

Si alguno está en Cristo, nueva criatura
es; las cosas viejas pasaron; he aquí
todas son hechas nuevas.

2 CORINTIOS 5:17

La mariposa monarca comienza la vida
como un lento gusano. Con el trascurrir
del tiempo, se hace un capullo y finalmente
se transforma en una hermosa mariposa.
De forma similar, venimos a Cristo con el
potencial de ser unas hermosas mariposas.
Por medio de los retos y los acontecimientos
normales de la vida, pasamos por una
metamorfosis espiritual y nos convertimos
en nuevas criaturas. Somos libres para volar
y ser aquello para lo que Dios nos creó.
Su intención para ti es belleza y gracia.
Confía en Él para tu metamorfosis.

Carácter

Encaminará a los humildes
por el juicio, y enseñará
a los mansos su carrera.

SALMO 25:9

La frase "Dime con quién andas y te diré quién eres" es cierta independientemente de con quién andemos. También es cierta cuando es con Dios con quien pasas tiempo. A medida que descansas en su presencia, lees sus palabras en la Biblia, y hablas con Él sobre todos los asuntos de tu vida, no puedes impedir el incorporar algunas de sus características. Él es paz, y tú te vuelves más tranquila. Él es bueno, y tú recibes su bondad. Todo se trata de la compañía que tengas.

En pureza, en ciencia, en
longanimidad, en bondad, en el
Espíritu Santo, en amor sincero.

2 CORINTIOS 6:6

El carácter se ha definido como lo que uno es. Es la esencia misma de una persona. La Biblia habla mucho sobre el carácter de Dios y usa frases como "Dios es amor", "Dios es compasivo", "Dios es misericordioso". Sus acciones muestran su carácter. Cuando pertenecemos a Dios, reflejamos su carácter: somos amables, amorosas, bondadosas, compasivas. Nuestras acciones y comportamiento reflejan ese carácter: amamos, cuidamos, servimos.

Caridad

El que tiene misericordia de
los pobres es bienaventurado.

PROVERBIOS 14:21

Seguramente te encuentres con gente necesitada casi cada día. Ya sea que tengan hambre, o estén heridas, la Biblia dice que demos de la abundancia del amor que hemos recibido de Dios. Él obrará a través de ti cuando sirvas comida a los que están hambrientos, des ropa a los que necesiten abrigo, ofrezcas esperanza a los que no la tengan. Puedes servirles con palabras amables y buenas obras. Servir a los necesitados es una bendición en sí mismo, pero conlleva una bonificación: la recompensa eterna de Dios.

Y respondiendo el Rey, les dirá:
De cierto os digo que en cuanto lo
hicisteis a uno de estos mis hermanos
más pequeños, a mí lo hicisteis.

MATEO 25:40

¿Qué harías si Jesús llegara a tu casa para cenar? Aunque puede que estuvieras nerviosa, Él querría que fueras tú misma, que le sirvieras como lo harías con cualquier otro huésped. Seguro que le darías lo mejor que tuvieras, de la abundancia que Él te ha provisto. No importaría lo que sirvieras, Él se deleitaría en tus esfuerzos por agradarle. Jesús se agrada cuando sirves a otros como le servirías a Él.

Y si alguno de vosotros tiene falta
de sabiduría, pídala a Dios, el cual
da a todos abundantemente y sin
reproche, y le será dada.

SANTIAGO 1:5

Puedes leer libros y pedir consejo a otros para educar a tus hijos, ¿pero cómo puedes estar segura de que lo que estás haciendo es lo mejor para ellos? Al igual que tus hijos acuden a ti con preguntas, lleva tus preguntas a Dios, tu Padre celestial. Ninguna pregunta es demasiado pequeña o grande, no le vas a confundir, porque Él les conoce tanto a ti como a tus hijos íntimamente. A fin de cuentas, Él los ha creado a todos. Dios es el mejor recurso que puedes encontrar.

He aquí, herencia de Jehová
son los hijos; cosa de estima
el fruto del vientre.

SALMO 127:3

Si eres madre, sabes lo preciosos que son tus hijos para ti. Son hueso de tus huesos y carne de tu carne. No dudarías en protegerlos con tu propia vida; y deberías, porque esa es tu tarea. Toma un momento para recordar que eres hija de Dios, creada a su imagen. Él dio su vida para salvarte, y ahora cuida de ti protegiéndote. Tus hijos son un regalo de Dios para ti, y tú eres el regalo de Dios para Él mismo.

Elecciones

Y viviréis, y no moriréis.

2 REYES 18:32

No importa lo buenas —o malas— que hayan sido las elecciones en tu vida, hay realmente tan sólo una elección importante, y es la elección de dónde pasarás la eternidad. Dios te ha dado la voluntad para elegir, y espera que la uses. Debes elegirle a Él —de forma consciente e intencional—, o de lo contrario estarás tomando una elección por defecto, una elección contra Él. La Biblia dice que es un asunto de vida o muerte. Tu libre albedrío es el regalo de Él para ti, ¡úsalo!

Escogeos hoy a quién sirváis...pero yo
y mi casa serviremos a Jehová.
JOSUÉ 24:15

*D*esde las triviales hasta las que cambian
nuestra vida, todos los días tomamos
decisiones. ¿Te gustaría poder ver el futuro
y saber qué rumbo tomará tu vida si tomas
esta o la otra decisión? Quizá sea mejor
que no tengamos esa opción, pero puedes
poner tu confianza en Aquel que lo sabe.
Escucha al Señor; escógelo a Él. Cuando
lo hagas, será mucho más fácil tomar las
decisiones correctas para tu vida.

Consuelo

El que tiene misericordia se apiadará
de ti; al oír la voz de tu clamor
te responderá.

ISAÍAS 30:19

La vida cristiana es difícil, y emotiva. También lo fue para los discípulos de Jesús. Jesús sabía que su muerte sería el momento más emotivo de sus vidas, así que, antes de que Jesús diera su vida en la cruz, se sentó con ellos, les explicó que les iba a dejar y prometió que enviaría otro "Consolador", el Espíritu Santo. Él ha puesto su Consolador dentro de ti, y Él escucha todas tus lágrimas.

Porque las cosas que se escribieron antes, para nuestra enseñanza se escribieron, a fin de que por la paciencia y la consolación de las Escrituras, tengamos esperanza.

ROMANOS 15:4

Dios te ha dado otro regalo lleno de su amor y consuelo: las santas Escrituras. Cuando leas sobre Noé, Abraham, Jacob, José, Moisés, Ester, Rut, Job, David, Elías, María y Pablo, verás cómo Dios les consoló en sus horas más oscuras. Ciertamente, Él hará lo mismo contigo. Toma aliento mientras lees, y pon tu esperanza en su bondad. Él te consolará, y puedes estar segura de ello.

Compromiso

Sea, pues, perfecto vuestro corazón
para con Jehová nuestro Dios,
andando en sus estatutos
y guardando sus mandamientos,
como en el día de hoy.

1 REYES 8:61

Muchas mujeres tienen problemas con el compromiso. Su temor al fracaso les hace entrar y salir de relaciones, trabajos y obligaciones sin realmente asentarse nunca en ningún lugar. Comprometer primeramente tu vida con Dios te ayudará a comprometerte más tarde con otros. Dale a Dios tu amor, tu vida, tu corazón, y pídele que te ayude a desarrollar tu compromiso poco a poco. Todo lo demás vendrá seguido.

Encomienda a Jehová tu camino,
y confía en él; y él hará.

SALMO 37:5

Algunas mujeres no se pueden comprometer, mientras que otras se comprometen en exceso. Aunque tus intenciones sean buenas, puedes derrumbar toda tu casa de naipes al intentar hacer malabares con demasiadas cosas: familia, eventos sociales, trabajo, tiempo espiritual. Pronto descubrirás que no tienes tiempo para ti, estresándote más cada día. Pídele a Dios que te ayude a equilibrar tus compromisos de una forma saludable para ti, y así serás libre para cumplir con tus compromisos de frente y para llevarlos a cabo con excelencia.

Compasión

Mas tú, Señor, Dios misericordioso
y clemente, lento para la ira, y grande
en misericordia y verdad.

SALMO 86:15

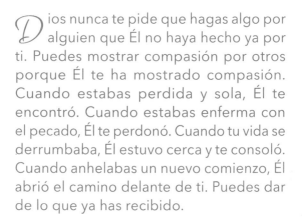

Dios nunca te pide que hagas algo por
alguien que Él no haya hecho ya por
ti. Puedes mostrar compasión por otros
porque Él te ha mostrado compasión.
Cuando estabas perdida y sola, Él te
encontró. Cuando estabas enferma con
el pecado, Él te perdonó. Cuando tu vida se
derrumbaba, Él estuvo cerca y te consoló.
Cuando anhelabas un nuevo comienzo, Él
abrió el camino delante de ti. Puedes dar
de lo que ya has recibido.

No digas a tu prójimo: Anda,
y vuelve, y mañana te daré,
cuando tienes contigo qué darle.

PROVERBIOS 3:28

La Biblia nos recuerda que somos las manos y los pies de Dios. Llevamos su compasión al mundo que nos rodea. Qué maravilloso privilegio y responsabilidad. Pídele a Dios que abra tus ojos a la gente que te rodea y que necesita su toque de misericordia, su amable ánimo, su tierna intervención. No podrás suplir todas las necesidades que veas, pero si pides, Él te mostrará dónde puedes marcar la diferencia. Y cuando levantas la cabeza de otra persona, también estás levantando la tuya.

Confianza

En descanso y en reposo seréis salvos;
en quietud y en confianza será
vuestra fortaleza.

ISAÍAS 30:15

La confianza es realmente la callada seguridad de que tú vales: como empleada, para sacar tu trabajo adelante, como esposa y madre, para cuidar de tu familia, como mujer de Dios, para lograr lo que Él te ha llamado a hacer. Para algunas mujeres, eso es fácil, para otras no tanto. Si tu confianza se queda corta, pídele ayuda a Dios, y Él te ayudará a desvelar tu verdadero yo: tu yo más seguro y confiado.

Y tal confianza tenemos mediante
Cristo para con Dios; no que seamos
competentes por nosotros mismos
para pensar algo como de nosotros
mismos, sino que nuestra competencia
proviene de Dios.

2 CORINTIOS 3:4-5

Como hija de Dios, deberías estar segura de quién eres —no prepotente o despótica—, una mujer que sabe que es la hija de un rey grande y poderoso. Obtén tu confianza de tu relación con tu Padre celestial; luego vive la vida lidiando con los retos de uno en uno. No se trata de ser perfecta, sino de estar segura de en quién crees y quién eres en Él.

Más vale un puño lleno con descanso,
que ambos puños llenos con trabajo y
aflicción de espíritu.

ECLESIASTÉS 4:6

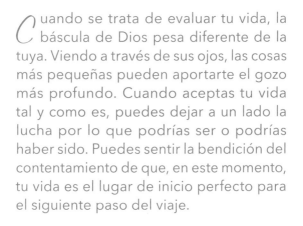

Cuando se trata de evaluar tu vida, la báscula de Dios pesa diferente de la tuya. Viendo a través de sus ojos, las cosas más pequeñas pueden aportarte el gozo más profundo. Cuando aceptas tu vida tal y como es, puedes dejar a un lado la lucha por lo que podrías ser o podrías haber sido. Puedes sentir la bendición del contentamiento de que, en este momento, tu vida es el lugar de inicio perfecto para el siguiente paso del viaje.

He aprendido a contentarme,
cualquiera que sea mi situación.

FILIPENSES 4:11

Tener lo que quieres, o querer lo que tienes. Es increíble la diferencia que hay en el orden de estas simples palabras. Qué regalo es sentir esa sensación de tener suficiente, de no querer siempre más, de creer que Dios te ha dado lo que realmente necesitas. Cuando hoy te enfoques en las cosas de tu vida que "no podrías tener de ninguna otra forma", susurra una oración de agradecimiento. Respira y deja que este momento sea completo, por sí solo.

Coraje

Mas tú, Jehová, eres escudo
alrededor de mí; mi gloria,
y el que levanta mi cabeza.

SALMO 3:3

Nunca sabrás dónde aparecerá el coraje en tu vida, porque nunca sabes lo que enfrentarás que lo requerirá. Sin embargo, puedes estar segura de que Dios te dará el coraje cuando lo necesites. Dios es tanto tu protección como tu fortaleza, así que ten la confianza de que cualquier cosa que enfrentes, no lo harás sola, ya que hoy día cuentas con recursos tanto de tu propia alma como del Espíritu que mora en tu interior.

Jesús dijo: En el mundo tendréis
aflicción; pero confiad,
yo he vencido al mundo.

JUAN 16:33

Mientras vivas en este mundo que puedes ver y tocar, debes recordar que eres también parte de un mundo que sólo se puede conocer a través de la fe. En el mundo físico que te rodea, afrontas desánimo y luchas, sí; pero como ciudadana del reino de los cielos, estás bendecida con un poder mayor: alguien que intercede por ti. Jesús nunca dijo que vivirías sin problemas, pero siempre les recuerda a sus seguidores la victoria que les espera.

Por tanto, de la manera que habéis recibido al Señor Jesucristo, andad en él; arraigados y sobreedificados en él, y confirmados en la fe, así como habéis sido enseñados, abundando en acciones de gracias.

COLOSENSES 2:6-7

Aunque no siempre veas progreso en tu caminar con Dios, puedes estar segura de que tus raíces están profundizando. Bajo la tierra, Dios trabaja en tu fe; cuanto más tiempo camines con Él, más fuerte es su abrazo. Llegaste a Él sin nada y simplemente te rendiste a su amor, y eso es todo lo que se necesita: sólo la disposición de seguir caminando con Él y confiando en que Él está fortaleciendo tus raíces bajo tierra.

Mirad, pues, con diligencia
cómo andéis, no como necios
sino como sabios.

EFESIOS 5:15

Al caminar con el Señor cada día, te enfrentarás a muchas encrucijadas. Dios abrirá el camino ante ti, pero Él no forzará tus pasos. Él te ha dado un libre albedrío con el que decidir los pasos que das, aunque Él te anima a decidir sabiamente. La manera más segura de hacerlo es mantenerte agarrada de su mano siempre. Él nunca te dejará que te apartes del camino. Búscale y Él estará ahí.

Decisiones

El corazón del hombre piensa
su camino; mas Jehová
endereza sus pasos.

PROVERBIOS 16:9

Siempre es bueno tener un plan. También
es bueno reconocer que los planes
cambian, y a veces esos desvíos nos llevan
a un camino mejor. Haz tus listas, establece
tus prioridades, perfecciona tus planes y
trabaja en ello, pero en medio de todo,
acuérdate de rendirle todo a Dios. Luego
siéntate y observa lo que tu dispuesto y
preparado corazón puede hacer a la luz
de la dirección de Él.

Porque ¿quién conoció la mente
del Señor? ¿Quién le instruirá?
Mas nosotros tenemos la
mente de Cristo.

1 Corintios 2:16

Cuando recibes a Cristo, eres espiritualmente regenerada y recibes una manera regenerada de pensar. El Espíritu de Dios establece su hogar en ti, y pasas a tener la mente de Cristo. Dado todo esto, ¿no debería esta vida ser fácil? ¿No deberías saber siempre lo que hacer? No necesariamente. Aún tienes tu propia naturaleza y voluntad, pero también tienes un recurso al que acudir. Al acallar tu alma y aprender a oír la mente de Cristo dentro de ti, el camino se ve con más claridad.

Deseos

El alma de los diligentes
será prosperada.

PROVERBIOS 13:4

Es un hecho que en esta vida no siempre se consigue lo que se quiere. Has estado aprendiendo esta lección desde que tenías dos años y el suelo no estaba muy lejos para agarrar una pataleta. Pero ahora que estás bastante lejos del suelo, tienes que recordar que hay una diferencia entre tener todo lo que quieres y estar satisfecha. Dios no siempre promete satisfacer todos y cada uno de tus antojos, pero si vives tu vida en relación con Él, estarás satisfecha; totalmente satisfecha.

Deléitate asimismo en Jehová,
y él te concederá las peticiones
de tu corazón.

SALMO 37:4

¿Qué desea tu corazón? ¿Cuánto espacio mental ocupa ese deseo? Las enseñanzas de la Biblia tratan la ironía de los deseos de nuestro corazón. Cuando centramos nuestra atención en Dios, nos ocurren buenas cosas, incluso esas cosas que más queremos. Es fácil pensar que deberías hacer justamente lo contrario: luchar por lo que quieres. El giro en el plan es que, cuando te deleitas en Dios, es más fácil que obtengas los deseos de tu corazón.

Determinación

Pero esforzaos vosotros, y no
desfallezcan vuestras manos, pues
hay recompensa para vuestra obra.

2 CRÓNICAS 15:7

¿Qué es lo que te está amenazando con hacerte perder tu determinación y abandonar? Quizá sea el cansancio o el desánimo, o puede que sean preguntas engorrosas como: "¿Vale la pena? ¿Acaso alguien se va a dar cuenta?". La Biblia promete vez tras vez que tu determinación será recompensada. Dios ve aunque nadie más lo haga, y entiende el proceso y la dificultad. Él estará esperando en la línea de meta, y tus esfuerzos en esta vida habrán valido la pena.

Mantengamos firme, sin fluctuar,
la profesión de nuestra esperanza,
porque fiel es el que prometió.

HEBREOS 10:23

No se ve mucha fidelidad a nuestro alrededor hoy día. La gente hace promesas, pero las circunstancias cambian. La vida gira y da vueltas, pero Dios es fiel, y las promesas que Él ha hecho, las mantendrá. No siempre sabes cómo y cuándo, y a veces la vida te puede encaminar mal al hacerte pensar que ya no tienes esperanza. Pero si estás determinada a permanecer, la niebla finalmente se aclarará y tu curso se esclarecerá. Dios cuenta con que seguirás en la carrera y que nunca abandonarás.

Y amarás a Jehová tu Dios de todo
tu corazón, y de toda tu alma,
y con todas tus fuerzas.

DEUTERONOMIO 6:5

Hablamos sobre amar a alguien de corazón, pero amar a alguien significa amarle con todo lo que somos. No amamos a Dios sólo con nuestro corazón, sino que le amamos con nuestro corazón, nuestra alma y nuestra fuerza; le amamos con todo nuestro ser. Ese es el tipo de amor que Él quiere de nosotros. Puedes perder tu enfoque en ti misma al dar ese tipo de devoción total, y perder tu enfoque en ti misma es de lo que se trata esta vida.

Guarda mi alma, porque soy piadoso;
salva tú, oh Dios mío, a tu
siervo que en ti confía.

SALMO 86:2

La devoción a Dios viene con compromisos, o quizá sería mejor decir promesas. Cuando te entregas completamente a Dios, te conviertes en una heredera de la vida eterna, y una hija de su reino. El éxito está garantizado en cualquier cosa que hagas porque estás haciendo su voluntad. Entrégale cada habitación de tu corazón. Abre cada puerta de par en par e invítale a entrar. Cuando Él viene, trae consigo paz, gozo, amor y mucho más.

Ánimo

El deseo de los humildes oíste,
oh Jehová; tú dispones su corazón,
y haces atento tu oído.

SALMO 10:17

Es fácil sentir que nadie te escucha en esta vida. Incluso los más cercanos a ti a veces puede que no te escuchen, pero Dios te oye. Él nunca está demasiado cansado, demasiado ocupado, demasiado distraído. No necesita una cita. Él está siempre escuchando, siempre animándote, así que clama a Él, comparte todo con Él: esas cosas que te producen dolor, esas cosas que te causan alegría. Cuéntale tus secretos y esperanzas, porque Él nunca te fallará.

Y considerémonos unos a otros
para estimularnos al amor
y a las buenas obras.

HEBREOS 10:24

Lo maravilloso de una comunidad cristiana es que nos inspiramos unos a otros en este caminar cristiano. ¿Acaso no has sorprendido a alguien con las manos en la masa en algún tipo de acto de fidelidad, y eso te alentó? Y quién sabe cuántas veces tu fe ha sido detectada y alguien tomó una mejor decisión "la siguiente vez" porque vio la decisión que tú tomaste. Eso es lo maravilloso de pelear juntos codo a codo. En soledad, la fe te fortalece, ¡pero juntos la fe inspira más fe!

Vida eterna

Jesús dijo: Porque de tal manera amó
Dios al mundo, que ha dado a su
Hijo unigénito, para que todo aquel
que en él cree, no se pierda,
mas tenga vida eterna.

JUAN 3:16

La vida aquí en la tierra es fugaz. Un día estamos sentadas en el suelo jugando con nuestras muñecas favoritas y, de repente, nos damos cuenta de que somos mujeres adultas tratando con problemas de adultos. En lo que parece un momento, comenzamos a ver canas y arrugas en los contornos de nuestros jóvenes rostros. La vida ocurre, y por eso Dios nos creó una forma en la que vivir, libres del tiempo y la edad. A través de su Hijo, compró la vida eterna para ti. ¿Qué mayor regalo podría haber?

Jesús dijo: "Mis ovejas oyen mi voz,
y yo las conozco, y me siguen,
y yo les doy vida eterna; y no
perecerán jamás, ni nadie
las arrebatará de mi mano".

JUAN 10:27-28

En la eternidad no tendremos necesidad de protección. Todo estará bien mientras ocupamos el reino celestial, pero aquí en la tierra hay muchos peligros. Dios no ha dejado tu vida eterna a la suerte, sino que la compró para ti con el sacrificio de su único Hijo. Luego, Él mismo cuida de ti para que nada ni nadie pueda impedirte alcanzar tu destino. La vida que Dios te ha dado no está diseñada para que alguien la tome, sino que está sellada con su promesa.

Ejemplo

Sé ejemplo de los creyentes en
palabra, conducta, amor,
espíritu, fe y pureza.

1 TIMOTEO 4:12

Ser un ejemplo para otros puede parecer como una carga pesada, siempre teniendo que cuidar de tus palabras y acciones. Ser buena en tus propias fuerzas es algo sencillamente imposible. Hay sólo una manera en la que puedes vivir de una manera digna de representar a Dios, y es dejándole vivir a Él a través de ti. Cuando tu interés propio empuja para tomar protagonismo, ríndete a Él, y verás que pronto estarás demostrando a otros que es posible vivir una vida pura y piadosa.

Para que seáis irreprensibles y
sencillos, hijos de Dios sin mancha
en medio de una generación maligna
y perversa, en medio de la cual
resplandecéis como luminares
en el mundo.

FILIPENSES 2:15

Alguna vez le habrás oído a alguien decir: "¡Tus acciones hablan tan alto que no me dejan oír tus palabras!" Es cierto; la gente presta mucha más atención a lo que haces que a lo que dices. Por eso es crucial la forma en la que vivas como hija de Dios. Los que te tachan de fanática religiosa cuando intentas hablarles sobre tu relación con tu Creador no podrán ignorar tu vida ejemplar. Déjales que vean a Jesús en ti.

Oh Jehová, de mañana oirás mi voz;
de mañana me presentaré delante
de ti, y esperaré.

SALMO 5:3

Se necesita mucha fe para esperar, e incluso más para tener expectativas de algo. Pero puedes hacer las dos cosas cuando se trata de tu fe y tus oraciones. No es que siempre ores por algo específico y lo consigas, como pedir algo por catálogo en línea (aunque eso tampoco funciona siempre). Pero lo que puedes esperar, cuando pones tus preocupaciones delante de Dios, es que Él responderá. Tus oraciones no caen en saco roto. Puedes contar con ello.

Jesús dijo:"Estad preparados, porque a la hora que no penséis, el Hijo del Hombre vendrá".

LUCAS 12:40

Jesús prometió regresar, y pidió a sus seguidores que le esperasen. Él no nos dijo cuándo, sólo que sería cuando el mundo menos lo esperase. Solamente los que son sensibles al Espíritu Santo reconocerán los tiempos y las estaciones. Él espera que vivas con la certeza de que Él pronto volverá, y que vivas de manera apropiada. ¡Qué glorioso momento será ese! ¡Espéralo! ¡Anticípalo!

Velad, estad firmes en la fe; portaos
varonilmente, y esforzaos. Todas
vuestras cosas sean hechas con amor.

1 CORINTIOS 16:13-14

La fe no es algo con lo que te
comprometes una vez y luego no
vuelves a pensar en ello, sino que es algo
que te pone en alerta cada día ante las
posibilidades y oportunidades. Dios te ha
llamado a vivir una vida de fe vibrante,
abierta a su dirección, manteniendo sus
ojos en Él. Día a día, verás su fidelidad y tu
fe crecerá. Pronto dejarás de preocuparte
por lo que te espera a la vuelta de la esquina.
Sabrás con certeza que entre los dos
podrán manejar cualquier eventualidad.

Porque por fe andamos, no por vista.

2 CORINTIOS 5:7

Probablemente lo hayas oído antes: ver no es creer; creer es ver. Es más que una frase liosa. Tu fe te abre a una nueva conciencia de la vida que te rodea. Te capacita para ver más desde el punto de vista de Dios. Te recuerda que la vida no se trata sólo de las realidades diarias sino también de misterios y posibilidades. Cuando crees, vives según una realidad completamente distinta, con vistas y sonidos inimaginables para los ojos incrédulos.

Fidelidad

El hombre de verdad tendrá
muchas bendiciones.

PROVERBIOS 28:20

Todas hemos tenido tareas que parecían fáciles a primera vista, pero que luego nos pareció que no seríamos capaces de realizar. Nos preguntamos si merece la pena seguir, pero cuando lo hacemos, encontramos que la recompensa de la tarea llevada a cabo es incluso más dulce. ¿Te estás preguntando si serás capaz de terminar la tarea que Dios te ha asignado? No te rindas, tu fidelidad a los propósitos de Dios trae consigo la promesa de una gran recompensa. Pídele a Dios que te ayude a seguir fielmente hasta que termines el trabajo.

Jehová, hasta los cielos llega tu
misericordia, y tu fidelidad
alcanza hasta las nubes.

SALMO 36:5

Dios no te abandonará. Él no se apartará
de tu lado. Su fidelidad llega más allá
de lo que puedes ver o incluso imaginar. Es
difícil asimilar ese tipo de fidelidad cuando
vives en un mundo lleno de decepciones,
pero si puedes acallar lo suficiente tu
interior para sentir la presencia inmutable
de Dios y su firme compromiso contigo,
podrás superar los desencantos de la vida
con mucho más valor. ¡Su fidelidad nunca
falla!

Familia

Y todos tus hijos serán enseñados
por Jehová; y se multiplicará
la paz de tus hijos.

ISAÍAS 54:13

No hay herencia como el conocimiento del amor de Dios. No hay herencia tan capacitadora. Al vivir tu vida de fe ante tu familia, es como llenar una bodega que bendecirá a todos los demás, y nunca es demasiado tarde para comenzar. Cuando vives con autenticidad ante Dios, dejas una huella para todos los que están mirándote, y ese ejemplo puede durar generaciones, más allá de tu vista, más influyente de lo que puedas llegar a entender.

La mujer sabia edifica su casa.
PROVERBIOS 14:1

La influencia de una mujer sobre su familia es enorme, para bien o para mal. Tristemente, algunas mujeres debilitan sus familias a través del egoísmo, la ambición y la despreocupación. La mujer vigilante, sabia y piadosa une a su familia, hace sacrificios para asegurar su estabilidad, y suplica la bendición de Dios con sus oraciones. Tú puedes ser ese tipo de mujer: aquellas que edifican y fortalecen. Pídele a Dios que te ayude, y Él te mostrará cómo.

Sentimientos

Podemos decir confiadamente:
El Señor es mi ayudador;
no temeré.
HEBREOS 13:6

Las mujeres somos seres complejos. Nuestras emociones son nuestra mayor fortaleza, pero también pueden ser la parte más inestable de nuestro carácter. ¿Cómo respondes ante las presiones y placeres que te rodean cada día? ¿Crees que eres demasiado emocional? Dios no quiere suprimir tus emociones; estas te permiten sentir su amor, su compasión, su gozo. Lo que Él quiere es ayudarte a que las aproveches y las uses para su reino. ¿Se lo permitirás?

En el día del bien goza del bien; y en
el día de la adversidad considera.
Dios hizo tanto lo uno como lo otro.

ECLESIASTÉS 7:14

Quizá tiendas a pensar bien de Dios en los buenos momentos y a pedirle su ayuda en los malos, pero a veces tienes que considerar que Dios saca algo bueno de lo malo. No importa lo que le digan sus sentimientos, puedes confiar en que Él llevará a cabo su propósito en ti en todo tiempo. Él no está atado por sus sentimientos, sino por su Palabra, así que tú tampoco deberías estar atada por tus sentimientos, ¡sino por las promesas de Él!

Pero si andamos en luz, como él
está en luz, tenemos comunión
unos con otros.

1 JUAN 1:7

Vivir en una estrecha relación con
Dios te capacita para conectarte con
gente de manera significativa. Cuanto más
crezcas en Él, verás que también creces en
tus relaciones con los demás. Esto es el
resultado de tener al mismo Padre celestial,
viviendo en el mismo reino y compartiendo
el mismo destino: el cielo. Disfruta de la
gran familia espiritual en la que Dios te ha
puesto. Es la familia de la fe. Está ahí para
los demás y déjales estar ahí para ti. Ese
es el diseño de Dios.

Finalmente, sed todos de un mismo sentir, compasivos, amándoos fraternalmente, misericordiosos, amigables.

1 Pedro 3:8

La familia de Dios es, en muchos sentidos, como tu familia natural. Les amas profundamente, pero muy frecuentemente pueden hacerte alzar tus manos al cielo por la frustración. Al igual que tú, todos ellos tienen esas pequeñas áreas en las que todavía están creciendo, y aprendiendo, y convirtiéndose en mejores personas. Cuando surgen los conflictos, ¡no te des la vuelta y huyas! Es importante que los soluciones y los superes: por amor de tu Padre.

Las riquezas de vanidad disminuirán;
pero el que recoge con mano
laboriosa las aumenta.

PROVERBIOS 13:11

En un mundo donde la gente gana la lotería y concursos para tener de repente un montón de dinero, es fácil preguntarse si merece la pena poner esa pequeña cantidad en los ahorros cada mes. La Biblia habla mucho sobre el dinero, y afirma que la persona sabia es aquella que construye un nido con lo que tiene, poco a poco. Además de la inversión, ese poquito que separas, sin importar lo poco que sea, es un voto para tu futuro.

Mi Dios, pues, suplirá todo lo que
os falta conforme a sus riquezas
en gloria en Cristo Jesús.

FILIPENSES 4:19

Puede parecer extraño ver que a Dios le interesa el dinero. Aunque no está sujeto a él, Él sabe que tú sí lo estás, al menos mientras vivas en este mundo. La Biblia nos da buenos consejos sobre vivir sin deuda, ahorrar todo lo que puedas, ser generosa con los demás y dar para apoyar la obra de Dios. Estos hábitos te ponen en fila para las bendiciones de Dios. Él las describe como "rebosantes" y te invita a ponerle a prueba y ver.

Perdón

Cuando yo perdone todo lo que
hiciste, dice Jehová el Señor.
 EZEQUIEL 16:63

❦

*H*as sido perdonada. No importa lo
que hayas hecho, no importa cómo,
o cuándo, o qué: el perdón de Dios te
está esperando. En el momento en que
reconoces tu pecado y pides que Él te
perdone, queda hecho. De manera extraña,
esto puede resultarte difícil de aceptar.
Quizá sientas que debes hacer tu propio
sacrificio, pero es una proeza que nunca
podrás lograr. Sólo el Hijo perfecto de
Dios pudo hacer el trabajo. Abandona tu
orgullo y recibe su perdón. No esperes ni
un momento más.

Soportándoos unos a otros,
y perdonándoos unos a otros si
alguno tuviere queja contra otro.
De la manera que Cristo os perdonó,
así también hacedlo vosotros.

<small>COLOSENSES 3:13</small>

Si alguna vez has intentado perdonar a otra persona, incluso a alguna amiga íntima o un miembro de tu familia, sabrás lo difícil que puede llegar a ser. Todo tu ser quiere aferrarse al dolor y hacer pública la ofensa. Dios te invita a perdonar por la gratitud a causa de lo que Él ha hecho por ti. Él te ha perdonado: gratis y totalmente. Recuerda que nadie podrá dañarte tanto como tu pecado le dañó a tu Padre celestial. Cuando lo veas de esta forma, el perdón se convertirá en un privilegio.

Libertad

Jehová liberta a los cautivos.
SALMO 146:7

Algunas mujeres huyen de Dios, creyendo que Él les pedirá que entreguen su libertad y les encerrará en algún régimen religioso. En realidad, es justamente lo contrario. Todos estamos ya esclavizados por nuestros propios pensamientos y comportamientos sucios y por nuestra naturaleza pecaminosa. Para que puedas florecer en el reino de Dios, Él tiene que quitar esas ataduras. Afortunadamente, tu Padre celestial puede romper esas cadenas. Pídele que te libere.

Porque el Señor es el Espíritu;
y donde está el Espíritu del
Señor, allí hay libertad.

2 CORINTIOS 3:17

*D*onde va el Espíritu de Dios, le sigue la libertad. Si su Espíritu mora en ti, experimentarás más libertad que nunca. Ya no estarás cohibida por el egoísmo y el resentimiento, y serás libre para hacer aquello para lo que fuiste creada: vivir en armonía con tu Creador. No luches para liberarte tú misma, porque no tienes ni el poder ni la fuerza para hacerlo. Invita al Espíritu Santo de Dios a que venga a tu corazón y te libere en el proceso.

Nuevo comienzo

Os daré corazón nuevo, y pondré
espíritu nuevo dentro de vosotros.

EZEQUIEL 36:26

Algunas de las noticias más sorprendentes sobre la presencia de Dios es que Él hace más que tan sólo arreglarte lo mejor que puede y dejarte seguir tu camino; de algún modo te hace una nueva criatura. Su oferta de nueva vida es uno de los pocos nuevos comienzos verdaderos que podrás experimentar. Claro, Él no borra las consecuencias con las que aún tienes que luchar, pero sí tiene el poder de cambiar tu corazón y ayudarte a manejar esas consecuencias. ¡Pídele que te haga de nuevo!

Revestido del nuevo, el cual conforme
a la imagen del que lo creó
se va renovando.

COLOSENSES 3:10

La obra de Dios en tu vida no sólo te hace ser una mejor persona, ¡sino que te hace ser más como Él! Eso ocurre en cualquier relación de amor; cuanto más te enfocas en otra persona e interactúas con él o con ella, más adquieres los hábitos e intereses de esa persona. De igual forma —pero incluso más debido a la obra del Espíritu Santo—, cuando te enfocas en Dios e interactúas con Él, su naturaleza se reproduce en tu vida.

Amistad

En todo tiempo ama el amigo,
y es como un hermano en
tiempo de angustia.

PROVERBIOS 17:17

Los momentos difíciles revelan las verdaderas amistades. En parte eso es verdad porque las verdaderas amigas son las que permanecen a tu lado cuando los momentos no son buenos ni cómodos y para nada divertidos; pero también es cierto porque cuando estás en tu peor momento o eres más débil, sólo puedes soportar a tu lado a tus verdaderas amigas, aquellas que ya te conocen por dentro y por fuera y te aceptan tal y como eres. Pídele a Dios que te dé esa clase de amiga.

El hombre que tiene amigos ha
de mostrarse amigo; y amigo hay
más unido que un hermano.

PROVERBIOS 18:24

Es bonito tener conocidos, pero dentro de nosotras anhelamos amistades auténticas que nos den una conexión tan fuerte como la de nuestros familiares. ¿Tienes amigas que alcancen ese nivel? Si no, pídele a Dios que te ayude a encontrar aquellas con las que puedas llegar a los niveles más profundos. Luego mantén tus ojos y tus oídos abiertos. Acércate a otros y deja que Dios haga el resto, y verás que Él no te decepcionará.

Jesús dijo: "Permaneced en mí, y yo en vosotros. Como el pámpano no puede llevar fruto por sí mismo, si no permanece en la vid, así tampoco vosotros, si no permanecéis en mí".

JUAN 15:4

Puede que pienses que no estás logrando nada en tu vida. Quizá tienes un trabajo sin más posibilidades o una discapacidad te ha dejado sintiéndote inútil y sola. Independientemente de tus circunstancias, Dios tiene un plan para ti, y ese plan no está fuera de tu alcance. Mientras le busques a Él, tu vida será más productiva y plena. Esa es su voluntad, su promesa y su plan.

Jesús dijo: "No me elegisteis vosotros
a mí, sino que yo os elegí a vosotros,
y os he puesto para que vayáis y llevéis
fruto, y vuestro fruto permanezca".

JUAN 15:16

Quizá te has mirado algún día y has
pensado: *Dios nunca podría usarme*.
Has decidido que no eres digna de salir
en su nombre, de hablar en su favor, de
llevar su mensaje, de cumplir su plan. Si
dependiera de ti, no te escogerías para
hacer nada, pero no depende de ti. Dios es
quien escoge, y quiere usarte. Él te ha dado
un trabajo que hacer. Ábrele tu corazón y
tu mente, y llevarás mucho fruto.

Futuro

Porque yo sé los pensamientos que
tengo acerca de vosotros, dice Jehová,
pensamientos de paz, y no de mal,
para daros el fin que esperáis.

JEREMÍAS 29:11

Tu edad no importa, tu apariencia no importa, tus circunstancias no importan, porque para cada individuo, cada vida, Dios tiene un plan para el futuro. Incluso si estás leyendo este libro en la cama de un hospital del que nunca esperas salir, Dios te ha dado un futuro. No arrojes la toalla en la vida por ninguna razón. Con Él, tus mejores días están por llegar: mejores de lo que puedas pensar o imaginar.

La luz de los justos se alegrará.

PROVERBIOS 13:9

Cuando tu vida está oculta en la bondad de Dios, tus posibilidades son ilimitadas. Tu futuro es más que brillante, es deslumbrante. Si estás empezando a caminar con Dios, eres una mujer afortunada. El camino que te queda por recorrer puede que no sea fácil, pero será la mayor aventura, la mejor carrera que habrás intentado nunca; y lo mejor de todo, es que el destino es seguro. Arrójate sin reservas a la obra a la que Dios te ha llamado. Aférrate a tu futuro con ambas manos.

Amabilidad

Llevad mi yugo sobre vosotros, y aprended de mí, que soy manso y humilde de corazón; y hallaréis descanso para vuestras almas.

MATEO 11:29

Dios podría hacerte volar por los aires por tu pecado. Podría regañarte cada vez que tropieces y castigarte por cada error que cometas. Él te corregirá, por supuesto; si no, ¿de qué otra manera podría Él mantenerte en el camino correcto? Pero la corrección de Dios es coherentemente amable, no lanzándote relámpagos y truenos, sino con una suave voz dentro de tu corazón. Él no pondrá una excusa para tu pecado, sino que callada y amablemente te llamará al arrepentimiento.

Vuestra gentileza sea conocida
de todos los hombres.
El Señor está cerca.
FILIPENSES 4:5

La Biblia dice que la mujer fuerte es también amable, dos palabras que parecen ser contradictorias, pero que no lo son. La mujer fuerte escoge cómo responderá a los demás; escoge tratar con ellos amablemente, porque puede. Tiene el control de sus emociones, sus palabras y sus acciones. La ira, la hostilidad: ambas representan la salida fácil. Pero la amabilidad requiere fortaleza. Dios quiere ver que te conviertes en una mujer fuerte y amable para Él.

Cuando la sabiduría entrare en tu
corazón, y la ciencia fuere grata
a tu alma…andarás por el
camino de los buenos.
PROVERBIOS 2:10, 20

Cuando eras una niña, tus padres quizá te dijeron: "¡Sal ahora y sé una buena niña!" Lo único que querían era lo mejor para ti, pero al crecer, muchas mujeres recibieron un mensaje negativo. Relacionan la bondad con ser despedidas o no ser tomadas en cuenta. Otras se obsesionan con llegar a un estándar de bondad irrealista. Realmente nadie es bueno sino Dios. La bondad llegará a medida que camines en comunión con Él.

Así que, según tengamos oportunidad,
hagamos bien a todos,
y mayormente a los de la
familia de la fe.

GÁLATAS 6:10

Las buenas obras son una expresión de la bondad de Dios que reside dentro de ti. Deberían salir fácilmente, de forma natural. Al sentir la presencia de Dios dentro de ti y verle moviéndose en tus labores, al sentir tu corazón rebosante de gratitud por lo que Él ha hecho por ti, extiéndelo a otros, dejándoles sentir el desbordamiento de la bondad de Dios para ti. Las buenas obras no son algo que tienes que esforzarte por hacer, sino el gozoso privilegio de una hija de Dios.

Gracia

Pero por la gracia de Dios soy lo que soy; y su gracia no ha sido en vano para conmigo, antes he trabajado más que todos ellos; pero no yo, sino la gracia de Dios conmigo.

1 CORINTIOS 15:10

La gracia a menudo se define como el favor inmerecido de Dios. Significa que su amor por nosotros, su cuidado y su preocupación son regalos gratuitos; no nos los hemos ganado. Qué cosa tan maravillosa ser amada y aceptada, ¡así porque sí! A ojos de Dios, ya eres lo suficientemente guapa, inteligente y buena para recibir lo mejor que Él tiene. Él te ama así como eres, y quiere que te conviertas en todo aquello para lo que fuiste creada, pero tu relación con Él no depende de eso. ¡Qué maravillosa es la palabra "gracia"!

[Dios] a los humildes dará gracia.

PROVERBIOS 3:34

Para muchas personas, es difícil recibir lo que sienten que no se han ganado. Ya sea un sentimiento de independencia u orgullo, esa actitud te robará lo mejor que esta vida te puede ofrecer. Debes ser capaz de recibir el amor de Dios, incluso cuando no te sientas querida, y la bondad de Dios, incluso cuando no creas que la mereces. Dios te ha dado todo gratuitamente: ¡su reino! No te quedes en los márgenes susurrando: "No soy digna". Humíllate y recibe.

Entonces tus oídos oirán a tus espaldas
palabra que diga: Este es el camino,
andad por él; y no echéis a la mano
derecha, ni tampoco torzáis
a la mano izquierda.

ISAÍAS 30:21

*C*uando necesitamos respuestas, a menudo decimos que estamos "buscando a Dios", y sin embargo, no necesitamos buscarle porque Él siempre está cerca. Tampoco necesitamos buscar respuestas de Dios, porque ya nos ha dado las respuestas que necesitamos. En cambio, estamos buscando oír esas respuestas, desconectar de los pensamientos e ideas preconcebidas que llevamos con nosotros. Si necesitas respuestas, pídele a Dios que te ayude a oír y a discernir, a abrir tus oídos para oír su voz que siempre estuvo ahí todo el tiempo.

Te haré entender, y te enseñaré
el camino en que debes andar;
sobre ti fijaré mis ojos.

SALMO 32:8

¿Has estado pidiendo la guía de Dios y aún así el camino por delante sigue siendo incierto? Podría ser que estás esperando un mapa con todo lujo de detalles del camino, y Dios raramente responde así. En cambio, Él da el primer paso, y cuando tú das ese paso, Él revela el siguiente. Así es como Él estimula tu fe y te mantiene cerca del camino. Es suficiente con saber que Él ve el camino a seguir. ¡Confía en Él!

El corazón alegre hermosea
el rostro; mas por el dolor del
corazón el espíritu se abate.

PROVERBIOS 15:13

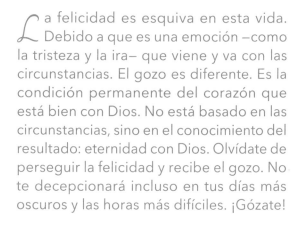

La felicidad es esquiva en esta vida. Debido a que es una emoción –como la tristeza y la ira– que viene y va con las circunstancias. El gozo es diferente. Es la condición permanente del corazón que está bien con Dios. No está basado en las circunstancias, sino en el conocimiento del resultado: eternidad con Dios. Olvídate de perseguir la felicidad y recibe el gozo. No te decepcionará incluso en tus días más oscuros y las horas más difíciles. ¡Gózate!

Mas los justos se alegrarán;
se gozarán delante de Dios,
y saltarán de alegría.

SALMO 68:3

Muchas mujeres creen que la felicidad es un resultado del éxito. "Cuando encuentre la persona adecuada con la que casarme, seré feliz". "Cuando logre mis objetivos profesionales…" "Cuando pueda permitirme la casa que realmente quiero…" La verdad es que la verdadera felicidad –el profundo gozo interior– es el resultado de vivir en una estrecha relación con Dios en vez de los adornos del éxito. Independientemente de lo que puedas estar afrontando –bueno y malo–, alégrate de saber que estás agradando a tu Padre celestial.

Ayuda

Dios es nuestro amparo y fortaleza,
nuestro pronto auxilio en las
tribulaciones.

SALMO 46:1

¿Alguna vez has pasado por una prueba o una tristeza tan dolorosa que ni siquiera puedes articular con palabras? Parecía como si un grito largo y penetrante estuviera partiéndote por dentro. Hay muchas cosas que pueden causar un sufrimiento tal: una pérdida, divorcio, traición, enfermedad. Si te encuentras en un lugar así en tu vida, clama al Señor. Él entiende el sufrimiento en su nivel más hondo, y sabe cómo consolarte. Lo único que tienes que hacer es pedir.

Nuestra alma espera a Jehová;
nuestra ayuda y nuestro
escudo es él.

SALMO 33:20

¿A quién acudes cuando los problemas salen a tu encuentro? Estás bendecida si tienes amigas fieles y seres queridos aquí en la tierra. Pero tengas o no ese apoyo en tu vida, Dios ha prometido que nunca te enfrentarás a la adversidad sola. Una y otra vez en la Biblia, Él declara su deseo de ayudarte. Aun cuando nadie más esté ahí, Él sí estará, y Él tiene recursos ilimitados. No importa lo que necesites, clama a Él.

Esperanza

Bueno es Jehová a los que en él
esperan, al alma que le busca.
LAMENTACIONES 3:25

La esperanza es algo increíble. Puede crecer y prosperar incluso en las circunstancias más inhóspitas. Un prisionero de guerra sufre un abuso brutal a manos de sus captores, pero no quebrantan su espíritu ni le roban la esperanza de que un día volverá a ser libre. Es la esperanza lo que nos hace que sigamos avanzando, buscando siempre un día mejor. La esperanza es un don de Dios. Dale gracias por ello poniendo tu esperanza en Él. Él es profundamente fiel.

¿Por qué te abates, oh alma mía, y te turbas dentro de mí? Espera en Dios; porque aún he de alabarle, salvación mía y Dios mío.

SALMO 42:5-6

La gente pone su esperanza en muchas cosas: dinero, posesiones, otras personas, poder, fama y estatus, incluso su propia fuerza. Ninguna de esas cosas tiene el poder de sostener la esperanza, pero Dios sí. El dinero y las posesiones se pueden ir en un momento, pero Él nunca cambia. La gente te fallará, pero Él nunca te decepcionará. El poder, la fama y el estatus son tremendamente frágiles. Incluso tu propia fuerza un día se terminará, pero Dios seguirá a tu lado. Pon en Él tu esperanza.

Hospitalidad

Y de hacer bien y de la ayuda mutua no os olvidéis; porque de tales sacrificios se agrada Dios.

HEBREOS 13:16

El verdadero significado de la hospitalidad es abrir tu corazón a otros, hacerles sentir en casa en tu presencia. Eso significa que puedes ser hospitalaria dondequiera que estés. No se necesita una casa bonita o una buena comida. Cuando te acercas a alguien con amor y aceptación, estás mostrándole a esa persona hospitalidad. Mira a tu alrededor. Pídele a Dios que te muestre esas personas a las que puedas ministrar sencillamente abriéndoles tu corazón.

No os olvidéis de la hospitalidad,
porque por ella algunos, sin saberlo,
hospedaron ángeles.

HEBREOS 13:2

Es fácil ser hospitalaria con tus familiares y amigas, pero Dios pide que alcances también a los extraños. Eso requiere valor, pero Dios se agrada cuando miras más allá de tu timidez y tus dudas para tocar la vida de una persona a la que no conoces. En vez de enfocarte en cómo te sentirás, piensa en cómo podrías afectar a un extraño: solo en una multitud. Tu hospitalidad tiene el poder de cambiar una vida para toda la eternidad.

Humildad

Mas con los humildes
está la sabiduría.

PROVERBIOS 11:2

La Biblia dice que Jesús es el Hijo unigénito de Dios, reinando y gobernando con su Padre desde su trono celestial y, sin embargo, hizo lo impensable. Escogió nacer como un bebé, vivir como uno de nosotros, y luego sufrir el reproche y el abuso, y finalmente la muerte. Se humilló a sí mismo y permitió que le pusieran en la cruz: por ti. Su humildad logró el plan de salvación. Imagina lo que puede lograr tu humilde obediencia a su voluntad.

Riquezas, honra y vida son la
remuneración de la humildad
y del temor de Jehová.

PROVERBIOS 22:4

Si piensas que ser humilde te hará ser un felpudo sobre el que otros caminen y se aprovechen, no puedes estar más equivocada. Muchos asocian humildad con debilidad, pero está mejor definida como fortaleza. No se necesita hacer un esfuerzo extra para comportarse orgullosamente, ya que el orgullo aparece de forma natural en los seres humanos. Pero la humildad, eso no es tan fácil. Significa tomar la decisión de hacer lo difícil, lo que Dios haría. Sométete a Dios y cosecha los beneficios de la humildad.

Integridad

Yo sé, Dios mío, que tú escudriñas
los corazones, y que la rectitud te
agrada; por eso yo con rectitud
de mi corazón voluntariamente
te he ofrecido todo esto.

1 CRÓNICAS 29:17

¿Tienes algún secreto, algo que
guardas muy dentro de ti, algo que
te hace vivir avergonzada? No deberías
pensar que estás ocultándole algo a Dios,
porque Él ve tu corazón, y sabe todo acerca
de ti, y además quiere liberarte de la carga
que estás llevando. Confiésale a Él tus
pecados secretos, los que has cometido
y los que cometieron contra ti. Él limpiará
tu corazón. Después, Él te alabará a medida
que vivas honesta y abiertamente ante Él.

El que camina en integridad
anda confiado.

PROVERBIOS 10:9

Decidir hacer lo correcto en una situación puede ser difícil, incluso doloroso. Podría significar la pérdida de un sueldo, la ruptura de una relación o una confrontación embarazosa; pero, cueste lo que cueste, mantenerse íntegra es vitalmente importante. Cuando haces lo correcto, estás preservando tu alma. Cometerás errores —no cabe duda de ello—, pero Dios está ahí para perdonarte y ayudarte a seguir encarrilada hacia el futuro. Cuando escoges la integridad, escoges al Señor.

Justicia

No os venguéis vosotros mismos,
amados míos, sino dejad lugar a la ira
de Dios; porque escrito está: Mía es la
venganza, yo pagaré, dice el Señor.
ROMANOS 12:19

Muchas veces, cuando nos tratan mal, respondemos con pensamientos y acciones vengativas, olvidando que miramos a un tribunal más alto: la autoridad de Dios. No es fácil dejar tu ofensa, especialmente cuando tu corazón se duele por la justicia, pero cuando lo haces, Dios puede actuar a tu favor. Buscar venganza te mantiene en un círculo de daño recíproco. Dejar tus reivindicaciones ante la corte suprema de Dios te libera para seguir adelante. Confía en la justicia pura de Dios y déjale pelear tus batallas.

Porque Jehová ama la rectitud,
y no desampara a sus santos.
Para siempre serán guardados.

SALMO 37:28

A menudo clamamos por justicia cuando nos han hecho algún mal, pero no cuando nosotras hemos hecho mal a alguien. Dios quiere que nos preocupemos por ambas situaciones, porque Él así lo hace. Asegúrate de que en todas tus transacciones requieres un alto estándar de justicia de tu parte. Pídele a Dios que te señale cualquier punto ciego para que tu corazón pueda seguir estando puro ante Él. Cuando te equivoques, apresúrate a arreglar las cosas. Dios estará viendo y aplaudiendo.

Gentileza

Pero cuando se manifestó la bondad
de Dios nuestro Salvador, y su amor
para con los hombres, nos salvó, no
por obras de justicia que nosotros
hubiéramos hecho, sino por su
misericordia.

TITO 3:4-5

¿Encuentras fácil ofrecer gentileza a los
que sientes que la merecen, pero no a
los que no la merecen? Eso es una respuesta
humana normal; pero cuando comienzas a
entender la plenitud de la gentileza de Dios
hacia ti personalmente, estás lista para ver
las cosas de otra manera. Tú no lo merecías,
ni siquiera fuiste agradecida, y, sin embargo,
Él fue amable contigo. Él no se quedó nada.
Ser amable con los que no lo merecen es una
manera poderosa de demostrar tu semejanza
a tu Padre celestial.

Mujer virtuosa, ¿quién la hallará?
porque su estima sobrepasa
largamente a la de las piedras
preciosas…Abre su boca con
sabiduría, y la ley de clemencia
está en su lengua.

PROVERBIOS 31:10, 26

La amabilidad a menudo se malentiende. No significa dar un paso atrás y dejar que otros te ordenen, y no significa consentir y ser indulgente con los demás. Significa ser amable, amigable, benevolente y generosa con otra persona, especialmente cuando no hay expectativas de recibir nada a cambio de la otra persona. No tendrás que buscar oportunidades de ser amable, pues aparecerán por sí solas docenas de veces al día. Sé como tu Padre celestial; ¡sé amable!

Liderazgo

Jesús dijo: "Sea el mayor entre vosotros como el más joven, y el que dirige, como el que sirve".

LUCAS 22:26

No todo el mundo está llamado a ser líder, pero si sientes el llamado de Dios y un sentimiento de que has recibido atributos que necesitas para dirigir a otros, haces bien en salir de la multitud y darte a conocer. Tan sólo ten claro que liderazgo en el reino de Dios es una posición de servicio. Como Moisés, y el rey David, y Pablo el apóstol, Dios te humillará antes de usarte, pero si estás dispuesta y eres obediente, Él podría usarte para cambiar el mundo.

Sed imitadores de mí,
así como yo de Cristo.

1 Corintios 11:1

Para poder ser un buen líder en el reino de Dios, antes debes ser un buen seguidor: no de otros, sino de Dios. No eres la responsable de establecer el rumbo o abrir camino ante ti, sino de mantener tus ojos en el Señor y seguir cada uno de sus movimientos. Eso significa que debes conocer los principios que Él ha establecido en las Escrituras y vivir en una relación estrecha y constante con Dios. Es una gran responsabilidad dirigir a otros, y un gran privilegio.

Oirá el sabio, y aumentará el saber.

PROVERBIOS 1:5

Ser cristiana se trata de ser una estudiante de las cosas de Dios. ¡Qué maravillosa bendición! Cada día tienes el encargo de conocer mejor a tu Padre celestial y ser más como Él. Eso a veces puede resultar doloroso, al dejar antiguos patrones de pensamiento y comportamiento para dar paso a los nuevos, pero siempre será productivo, transformándote en la persona que Dios creó que fueras. Está cerca de Él, escucha y aprende todo lo que puedas.

Enseña al justo, y aumentará su saber.

PROVERBIOS 9:9

La característica número uno de los limpíos es su incapacidad de aprender. Cometen los mismos errores una y otra vez, no reconociendo nunca su error ni entendiendo que se les ha dado el poder para cambiar. Tú has visto el error de tus caminos y te has vuelto a Dios. Ahora sigue aprendiendo, continúa cambiando y continúa creciendo a la imagen de tu Padre celestial. Él está orgulloso de tu progreso en justicia.

Justicia eterna son tus testimonios;
dame entendimiento, y viviré.

SALMO 119:144

Dios nos ha dado pautas por las cuales vivir: principios dados con todo lujo de detalle en la Biblia. Algunos dicen que sus reglas están simplemente diseñadas para reforzar el ego de Él, y eso es lo mismo que el diablo le dijo a Eva cuando la tentó a desobedecer a Dios en el huerto de Edén. "Sólo está intentando impedir que te ocurran cosas buenas", se mofó. Como cualquier buen padre o madre, Dios nos ha dado reglas para asegurar nuestra seguridad y éxito. Vivir a su manera es siempre por nuestro bien.

Jesús dijo: "Yo he venido para
que tengan vida, y para que
la tengan en abundancia"

JUAN 10:10

Un bebé pasa nueve meses en el
vientre de su madre convirtiéndose
en la persona que Dios quiere que sea.
En comparación con su vida fuera del
vientre, ese tiempo de preparación es
increíblemente corto. De igual forma,
nuestras vidas aquí en la tierra son
relativamente breves y con la intención
de que sea un tiempo de crecimiento y
preparación para la eternidad con Dios. Tú
estás siendo cuidada para la vida eterna.
Eso será verdaderamente vivir a la máxima
medida.

Soledad

Estoy seguro de que…ni lo presente,
ni lo por venir, ni lo alto, ni lo profundo,
ni ninguna otra cosa creada nos podrá
separar del amor de Dios, que es en
Cristo Jesús Señor nuestro.

ROMANOS 8:38-39

No tienes que estar sola para sentirte sola. Se trata de cómo estás conectada con los que te rodean. Quizá estás en un lugar en tu vida donde sientes que nadie te entiende y que a nadie le importas. Este tiempo en tu vida probablemente no durará mucho. Harás conexiones y la soledad pasará, pero hasta que eso suceda, recuerda que Dios ha prometido estar ahí siempre disponible: para escuchar, para consolar, para animar. Él está tan cercano como tu oración.

Dios hace habitar en familia a los
desamparados; saca a los
cautivos a prosperidad.

SALMO 68:6

No es la voluntad de Dios que te sientas sola o solitaria. Él ha hecho mucho para incluirte en su familia y rodearte de hermanos y hermanas espirituales. Abre tu corazón y deja que Dios te ayude a conectar con su pueblo. Descubrirás que la comunión cristiana es mucho más profunda que cualquier otra relación que hayas tenido. Tiene permanencia y variedad. Dios quiere enviar lejos tu soledad. Permítele que te establezca directamente en su familia.

Mas la misericordia de
Jehová es desde la eternidad
y hasta la eternidad sobre los
que le temen, y su justicia sobre
los hijos de los hijos.

SALMO 103:17

¡Dios te ama! No es complicado ni condicional; ¡es sólo un hecho! Nuestro entendimiento humano no puede comprender la razón ni el porqué, sólo que es cierto. Por mucho que puedas querer explicarlo, diseccionarlo, razonarlo, simplemente no puedes. En vez de envolverte en preguntas, envuélvete en su amor. Deléitate en ello como lo harías en un magnífico abrigo de pieles. Dios no ha reparado en gastos. Te ha dado lo mejor que tenía para ofrecerte.

Un mandamiento nuevo os doy: Que os améis unos a otros; como yo os he amado, que también os améis unos a otros. En esto conocerán todos que sois mis discípulos, si tuviereis amor los unos con los otros.

JUAN 13:34-35

Dios te ama sin descanso, completamente y a pesar de tus fallos o defectos. Su mayor deseo es que le ames de la misma forma. Él te pide, en primer lugar, que le ames a Él y a los demás. Cuando amas, muestras que eres su hija, demuestras quién eres y de qué estás hecha. Eso le agrada a tu Padre celestial más que cualquier gran trabajo que pudieras hacer por Él. Vive para agradarle amando a otros.

Matrimonio

Honroso sea en todos el matrimonio.
HEBREOS 13:4

*D*esde que Dios colocó al primer hombre y la primera mujer en el huerto de Edén, Él ha respaldado y bendecido el matrimonio. Salvo por los que han sido apartados —como el apóstol Pablo— para la soltería, Dios usa el matrimonio como una herramienta para purificarnos. A través de él, Dios nos enseña lecciones sobre la fidelidad, la confianza, el amor, la humildad, el servicio, la gentileza y mucho más. Es su fuego purificador, así que razón de más para proponerte en tu corazón vivir y crecer dentro de los linderos de esta santa unión.

Porque tu marido es tu Hacedor;
Jehová de los ejércitos es su nombre.

ISAÍAS 54:5

Las mujeres se encuentran solteras todo el tiempo. Algunas están solteras por elección propia o como parte del plan de Dios para sus vidas. Puede que otras estén divorciadas o viudas. Si estás soltera por cualquier motivo, puede que te sorprenda saber que estás en una posición muy favorable. El Señor dice que Él es quien proveerá para ti y quien te defenderá. Puedes buscar en Él amor y compañía. Él es más fiel y sabio que cualquier esposo humano.

Naturaleza

Los cielos cuentan la gloria de Dios,
y el firmamento anuncia la
obra de sus manos.

SALMO 19:1

Mira afuera ahora mismo; aún mejor,
sal fuera. De día o de noche, no
importa, tan sólo mira a tu alrededor. Si
vives en una jungla de hormigón, alza tu
vista al cielo. Imagina por un momento
la inmensidad de la creación de Dios, la
grandeza de todo ello, y aún así, Él llama a
la humanidad su creación más espléndida;
todo lo demás lo creó sólo para beneficio
de su creación humana. Dios te valora por
encima de todo. Mira al cielo y considera
esto.

Jesús dijo: "Considerad los lirios
del campo, cómo crecen:
no trabajan ni hilan".

MATEO 6:28

Nuestro Dios se preocupa de los
detalles. Lo puedes ver en su
creación. Cada especie es única y cada
criatura es única dentro de su especie.
Los seres humanos, creados a su imagen
y cada uno de un tipo. Las flores y los
árboles inundados de color y refinamiento,
incluso los que crecen por las autopistas,
sembrados como si hubiera sido el viento.
Cuando te preguntes si Dios está interesado
en los detalles de tu vida, considera la
evidencia demostrada en la naturaleza.
Él se preocupa de todo, sin importar lo
intrascendente que sea.

Paciencia

Mejor es el que tarda en
airarse que el fuerte.

PROVERBIOS 16:32

Nuestro mundo electrónico no fomenta la paciencia. Los proveedores de Internet ofrecen cada vez tecnologías más nuevas y rápidas, y lo que solía llevarnos días, incluso semanas, ahora se puede hacer en unos minutos. Sin embargo, no todo se puede acelerar. Dios sigue haciendo cosas a su manera y su tiempo, y a Él no le podemos acelerar o intimidar. Él quiere fortalecer y probar tu fe, así que cuando te sientas impaciente esperando a que Dios se mueva en tu favor, decide confiar en Él. Ríndete a Él, porque puedes estar segura de que Él conoce lo mejor.

Guarda silencio ante Jehová,
y espera en él.

SALMO 37:7

¿Te acuerdas de niña cuando esperabas que llegara la mañana del día de Navidad o para abrir tus regalos el día de tu cumpleaños? "Tienes que esperar. Todo llegará a su debido tiempo", decía tu mamá. Dios no se apartará de ti para ser cruel o para que entiendas algo, sino que Él ve el cuadro general, y sabe el cuándo, el dónde y el cómo adecuados. Así que no te afanes, y espera, y verás lo que Dios te ha prometido: a su debido tiempo.

Paz

Tú guardarás en completa paz a aquel
cuyo pensamiento en ti persevera;
porque en ti ha confiado.

ISAÍAS 26:3

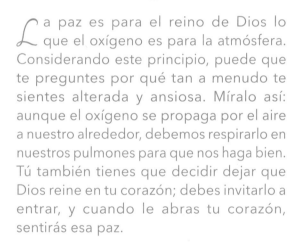

La paz es para el reino de Dios lo
que el oxígeno es para la atmósfera.
Considerando este principio, puede que
te preguntes por qué tan a menudo te
sientes alterada y ansiosa. Míralo así:
aunque el oxígeno se propaga por el aire
a nuestro alrededor, debemos respirarlo en
nuestros pulmones para que nos haga bien.
Tú también tienes que decidir dejar que
Dios reine en tu corazón; debes invitarlo a
entrar, y cuando le abras tu corazón,
sentirás esa paz.

Y la paz de Dios gobierne en
vuestros corazones, a la que
asimismo fuisteis llamados
en un solo cuerpo.

COLOSENSES 3:15

A menudo Dios usa la paz como una forma de dar guía a sus hijos. Cuando estés orando por una decisión importante o una elección en la vida, deberías prestar mucha atención a la cantidad de paz que tienes con relación a ese asunto. En cualquier caso, no deberías actuar cuando veas que tu paz ha sido reemplazada por una sensación de ansiedad o desasosiego. Muévete en otra dirección hasta que regrese la paz, y verás como nunca te equivocarás si sigues la paz.

Él da esfuerzo al cansado,
y multiplica las fuerzas al que
no tiene ningunas.

ISAÍAS 40:29

En tiempos de Jesús, las viudas y los huérfanos eran los miembros de la sociedad más desfavorecidos. Básicamente eran desechados en una cultura donde las mujeres no eran valoradas salvo a través de sus maridos. Sin embargo, a estas mujeres privadas del derecho de voto a menudo se les menciona en el Nuevo Testamento. Jesús dejó claro que había que tratarlas con amabilidad y respeto, y que había que cuidar de ellas. Él las elevó de su estatus de menos que nada hasta una total aceptación en el cuerpo de creyentes. Nunca serás desechada si le perteneces a Él.

> [Sed] fortalecidos con todo poder,
> conforme a la potencia de su gloria,
> para toda paciencia y longanimidad.
> COLOSENSES 1:11

No hay suficientes horas en el día para hacer el trabajo de una mujer. No es de extrañar que a menudo nos sintamos exhaustas y descontentas. La Biblia dice que hay un remedio para nuestra inacabable actividad. Él nos fortalece, nos capacita para proseguir y hacer nuestro trabajo. A veces, Él lo hace capacitándonos para decir "no" cuando debemos, para descansar cuando debemos, y para mantener nuestras vidas equilibradas. Pídele una transfusión para tu vida.

Alabanza

Mas vosotros sois linaje escogido,
real sacerdocio, nación santa, pueblo
adquirido por Dios, para que anunciéis
las virtudes de aquel [Dios] que os
llamó de las tinieblasa su luz admirable.

1 PEDRO 2:9

Tu vida es una canción de alabanza que
se eleva hasta Dios tu Padre. Él se goza
en tu decisión de tomar su mano y salir de
la oscuridad caminando hacia la luz. Es lo
que tanto ha trabajado para conseguir, por
lo que envió a su Hijo Jesús a vivir, y morir,
y resucitar. Tú eres su trofeo, su premio,
la cierta y segura recompensa de su gran
sacrificio. Cada vez que dices sí a la vida,
sí al amor, sí a los valores eternos, le estás
alabando a Él.

Te alabaré, oh Jehová, con todo
mi corazón…cantaré a tu
nombre, oh Altísimo.

SALMO 9:1-2

Tu vida es una forma de alabanza, pero tus palabras de alabanza son más preciosas si cabe para tu Padre celestial. Su Espíritu Santo que vive en ti las lleva directamente a su trono. ¿Por qué Él aprecia tanto tus alabanzas? Porque, a diferencia del resto de sus criaturas, tus alabanzas no son algo innato, sino expresiones libres de tu corazón. Tú le escogiste cuando podías haber escogido otras muchas cosas. Alza tu voz a Él, porque le produce un inmenso gozo.

Oración

Sean conocidas vuestras peticiones
delante de Dios en toda oración y
ruego, con acción de gracias.

FILIPENSES 4:6

La oración es sencillamente una conversación con Dios. Qué gozoso privilegio tenemos al poder hablar con Él –Dios Todopoderoso– siempre que lo deseemos. ¿Cómo podrías tener suficiente de esos tiempos con Él? Ten un encuentro con Él a menudo para hablar sobre tu vida, cuéntale tus problemas y deja tus preocupaciones a sus pies. Confiésale tus pecados y recibe su perdón. Dile lo mucho que le amas y lo agradecida que estás de ser su hija. Él siempre está listo para escucharte.

Entonces me invocaréis, y vendréis
y oraréis a mí, y yo os oiré; y me
buscaréis y me hallaréis, porque me
buscaréis de todo vuestro corazón.

JEREMÍAS 29:12-13

¿Tienes alguna necesidad grande en tu vida? ¿Algo con lo que has estado lidiando y que no parece que encuentres la respuesta? Dios dice que se lo lleves a Él; no sólo una vez sino todas las que sean necesarias. Sigue pidiendo, sigue recordándole sus promesas. Igual que una niña que pide una bicicleta nueva, no te rindas. Busca a Dios y sigue buscándole. Él te oye cada vez, y te recompensará por tu persistencia y tu paciencia tras probar tu corazón.

Presencia de Dios

Bienaventurado el pueblo que sabe
aclamarte; andará, oh Jehová,
a la luz de tu rostro.

SALMO 89:15

Cierra tus ojos e imagínate sentada en la playa, con una cálida brisa acariciando tu piel y el reconfortante sonido de las olas rompiendo en la orilla. O piensa en ti misma en un jardín, en el sonido de los pájaros y las encantadoras fragancias en cada dirección. Sitúate en cualquier lugar, pero sabe que nada se puede comparar con estar en la presencia de Dios. Los tesoros del universo están almacenados ahí, su amor te rodea, y la paz fluye como un hermoso río. Ven y disfruta.

Jesús dijo: "Donde están dos o tres congregados en mi nombre, allí estoy yo en medio de ellos".

MATEO 18:20

A Dios le encanta estar donde está su pueblo. Su Espíritu Santo mora en cada uno de ellos, pero cuando los creyentes se reúnen, sucede algo celestial: no sólo Él mora en ellos, sino que también llena la distancia entre ellos. En esa atmósfera, lo imposible se convierte en posible y el amor de Dios se hace manifiesto. Dios te insta a que te reúnas con otros creyentes regularmente, porque Él sabe lo que puede ocurrir si lo haces.

Prioridades

Teme a Dios, y guarda sus
mandamientos; porque esto
es el todo del hombre.

ECLESIASTÉS 12:13

Dios sabe lo ajetreada que es tu vida.
Mientras vas de tarea en tarea,
acuérdate de agarrarte del cordón dorado
que te conecta con Él. Él siempre está
ahí a pesar de las circunstancias, pero el
cordón te recuerda que está. Mantiene
la conversación viva entre los dos, y su
amor, gozo y paz fluyen hacia ti durante tu
día. Dios debería ser tu primera prioridad
porque es a través de su sabiduría y fuerza
que puedes lograr las demás.

Buscad las cosas de arriba, donde está
Cristo sentado a la diestra de Dios.
Poned la mira en las cosas de arriba,
no en las de la tierra.

COLOSENSES 3:1-2

Los seres humanos podemos ser
tremendamente cortos de vista, pero la
persona que ve más allá de hoy y planea la
eternidad tiene en mente tanto el presente
como el futuro. Cuando aceptaste el sacrificio
de Cristo por ti en la cruz y le pediste a Dios
que perdonara tus pecados, tu futuro en
el cielo fue sellado, pero la Biblia también
habla sobre acumular tesoros en el cielo.
Enfoca tus prioridades en esas cosas que
son eternas en lugar de en las cosas que
pertenecen sólo a este mundo.

Protección

Porque Jehová irá delante de vosotros,
y os congregará el Dios de Israel.

ISAÍAS 52:12

Todas tenemos temores: temor al daño, temor a perder un hijo, temor a quedarnos solas, temor al fracaso. Cuando tus temores se levanten y te amenacen con vencerte, cuando te sientas enferma en lo profundo de tu estómago y tu corazón te duela de ansiedad, recuerda esto: Dios está contigo, cada día, cada hora, cada momento. Enfócate en Él, realmente enfocada, y verás que tus temores no son nada más que especulaciones que se disipan en presencia de Él.

> Jehová guarda a todos
> los que le aman.
> SALMO 145:20

Como cualquier padre amoroso, tu Padre celestial te guarda en su constante cuidado, sin apartar su vista de ti. No hay razón para que tengas miedo, porque Él está siempre contigo, listo para afrontar cualquier cosa que venga a tu camino. Él no te fallará. En algunos casos, te advertirá con tiempo; en otros, te apartará sobrenaturalmente de cualquier situación peligrosa, y habrá momentos en los que te sostendrá de su mano mientras pases por el fuego. ¡Él es tu Dios!

Provisión

Y poderoso es Dios para hacer que
abunde en vosotros toda gracia, a fin
de que, teniendo siempre en todas
las cosas todo lo suficiente, abundéis
para toda buena obra.

2 CORINTIOS 9:8

Dios ha prometido cuidar de ti, pero no termina ahí. Él quiere proveer para ti de manera abundante, tanto que puedas compartirlo con otros. Su provisión no está limitada al dinero. Él es el proveedor de todo lo que necesitas. Si necesitas gozo, Él te dará suficiente para que puedas compartirlo con otros; si necesitas sabiduría, también está ahí para ti. Cualquier cosas que tengas en tu lista, pídeselo a Él, y luego ten confianza.

Jesús dijo: "Vuestro Padre sabe
de qué cosas tenéis necesidad,
antes que vosotros le pidáis".

Mateo 6:8

Dios quiere que tengas todo lo que
necesitas para tener una vida
magnífica, pero a veces oramos y las
cosas no ocurren cuando las esperamos.
Debes confiar en que el tiempo de Él es
perfecto. Ninguna de nosotras vivimos en
el vacío, y a veces tus peticiones requieren
la implicación de otras personas, y puede
que no estén listas para responder. No
abandones, Dios responderá tu oración de
una forma perfecta y en el tiempo perfecto.

Amaos los unos a los otros con
amor fraternal; en cuanto a honra,
prefiriéndoos los unos a los otros.

ROMANOS 12:10

El sacrificio definitivo de Jesús —entregar su vida para que toda la humanidad pudiera experimentar la vida eterna— demostró una verdadera devoción. Su disposición a ir a la cruz te dio la oportunidad de experimentar una intimidad con Dios que no estaba disponible antes. De igual forma puedes honrar a otros con el mismo amor. Esa fortaleza y poder de amar reside dentro de ti. Dios te dio la capacidad de mostrar su amor a todos los que te encuentres. ¡Sé valiente! ¡Atrévete! ¡Ama como Jesús lo hace! ¡Está en ti!

En todo tiempo ama el amigo.
PROVERBIOS 17:17

Tu familia ocupa un lugar prominente en tu vida, y lo mismo ocurre con tus hermanas y hermanos en el Señor. Ellos conocen tus mayores puntos fuertes y tus debilidades más íntimas, pero con una agenda diferente. La familia de Dios está para edificarte en el área de tus debilidades y extraer de ti en el área de tus puntos fuertes. Aunque a menudo es doloroso, es un proceso diseñado para hacerte fuerte y fructífera. Hay una gran recompensa en soportar la adversidad de las relaciones.

Renovación

Crea en mí, oh Dios, un corazón
limpio, y renueva un espíritu
recto dentro de mí.

SALMO 51:10

No hay dos copos de nieves iguales, no hay dos puestas de sol exactamente iguales. Tu Creador realiza una obra de arte con cada trazo de habilidad que inspira, y tú no eres distinta. Con cada toque de su mano, con cada letra que lees en su Palabra, Él cambia tu corazón y lo renueva, formándote a su imagen. Te haces más semejante a Él cada momento que pasas con Él. Tu Creador hace nuevas todas las cosas, ¡y está continuamente moldeando el tú perfecto!

Antes aunque este nuestro hombre
exterior se va desgastando, el interior
no obstante se renueva de día en día.

2 CORINTIOS 4:16

Tu relación con Dios está viva. Vive,
y respira, y requiere alimento para
sobrevivir. Parecido a los afluentes que
van a parar a lagos y ríos, tú pones de tu
espíritu en todo lo que haces. Cuando
das, puedes agotar tus reservas, y Dios
quiere que estés llena. Llénate renovando
tu espíritu y tu mente diariamente con su
Palabra y en su presencia. Tú eres un río
de agua viva portador de vida. ¡Llénate,
vierte y llénate de nuevo!

Respeto

La mujer agraciada tendrá honra.

PROVERBIOS 11:16

A medida que creces en Dios, comienzas a demostrar su carácter y naturaleza en tus pensamientos, actitudes y comportamiento. A través de ti, su bondad se hace evidente a otros, y su respeto por ti aumenta. Esto ocurrirá no porque lo demandes, sino porque es una respuesta natural a la gloria de Dios. Por la misma razón, debes respetarte a ti misma, desechando pensamientos de inferioridad e indignidad. Respeta la presencia y la obra de Dios en ti.

El principio de la sabiduría
es el temor de Jehová.

PROVERBIOS 1:7

Los hebreos que cruzaron el Mar Rojo tenían tanta reverencia por Dios, que nunca pronunciaban su nombre en voz alta. Le tenían gran respeto. Aunque tu relación con Dios es muy diferente hoy día, aun así Él desea que le respetes. Tú eres su hija y Él te adora, y tú tienes el privilegio de mostrarle tu admiración. Dale respeto a través de tu alabanza y adoración, porque Él quiere oírte —a su preciosa hija— ¡decir su nombre!

Responsabilidad

Y todo lo que hagáis, hacedlo de
corazón, como para el Señor y no
para los hombres; sabiendo que
del Señor recibiréis la recompensa
de la herencia, porque a
Cristo el Señor servís.

COLOSENSES 3:23-24

A veces puede que sientas que tu duro
trabajo pasa inadvertido. Quizá te
sientas tentada a aflojar el ritmo como los
demás, diciéndote a ti misma que nadie
se dará cuenta. Dios conoce tu corazón.
El que sostiene el futuro en sus manos
ve tu fidelidad, y Él te ha confiado mucha
responsabilidad porque sabe que puede
contar contigo. Él te recompensará y te
llevará a un lugar de bendición. Espéralo
y cree que Él lo hará. ¡Dios te aplaude!

Y hay diversidad de ministerios,
pero el Señor es el mismo.

1 CORINTIOS 12:5

Puede que sientas el peso de las responsabilidades que te han sido dadas. Dios hizo anchas tus espaldas para que pudieras llevar todo lo que te ha asignado. Acepta tu responsabilidad, sabiendo que Dios te ha dado gracia para llevarla; y cuando parezca demasiado pesada, Él siempre está ahí para ayudarte. Él no dejará que hagas sola lo que te ha pedido que hagas; no te dejará caer bajo el peso, y no te condenará por tropezar bajo la carga. ¡Él está ahí para ti!

Descanso

El amado de Jehová habitará confiado
cerca de él—lo cubrirá siempre,
y entre sus hombros morará.

DEUTERONOMIO 33:12

Cuando piensas en el descanso,
probablemente pienses en una siesta
o te imaginas metida en la bañera. Aunque
necesitas descanso físico, Dios quiere que
tu alma esté bien descansada y llena de su
presencia también. Lee versículos de ánimo
que edifiquen tu fe. Pasa tiempo con Él
en oración, y sentirás que has tenido una
buena siesta espiritual. Saldrás descansada
y fortalecida en tu alma, a salvo de los
asaltos del día.

Y reposó el día séptimo
de toda la obra que hizo.

GÉNESIS 2:2

Muchas mujeres dedican cuarenta horas a la semana a un trabajo de tiempo completo y luego llegan a casa para cuidar del hogar y la familia. No te olvides de sacar tiempo también para ti. Si Dios descansó después de trabajar toda la semana, entonces es importante que te cuides. La lista de cosas por hacer puede esperar. Aprieta el botón de pausa y descansa tu mente, cuerpo y emociones. Eres preciosa y valiosa para Dios y para todos los que te aman. Tú lo vales. Toma un momento y relájate.

Recompensa

Sabiendo que el bien que cada uno
hiciere, ése recibirá del Señor.
EFESIOS 6:8

¿Has recibido alguna vez una recompensa por un acto de bondad? Quizá devolviste una billetera o te encontraste una mascota que se había perdido. A menudo la bondad de Dios pasa desapercibida. Él da con las manos abiertas no esperando nunca nada a cambio porque su motivación es el amor. Él te amó lo suficiente como para darlo todo, así que ahora tú puedes darle algo a Dios. ¡Conviértete en aquella que recompensará! Dile que su gracia y su misericordia no han pasado inadvertidas, y recompénsale con tu alabanza y gratitud.

Jehová recompense tu obra, y tu
remuneración sea cumplida.

Rut 2:12

Quizá sientes que nadie aprecia las cosas que haces por los demás: cocinar, limpiar, una larga noche en la oficina. Tan solo un gracias de vez en cuando sería una recompensa suficiente. Pero alguien sí se da cuenta de todo lo que haces. Tu Padre celestial te está viendo aun cuando parece que nadie te ve, y está orgulloso de ti y aprecia todo lo que haces. Tú muestras el amor y la vida de Dios a los que te rodean. Ánimo; Dios es tu mejor recompensa.

Piedad

Y el efecto de la justicia será paz;
y la labor de la justicia, reposo y
seguridad para siempre.

ISAÍAS 32:17

Qué consuelo saber que Dios ha pagado el precio de todos tus errores y te ha declarado justa en base a la vida de su propio Hijo sin pecado. Cuando el enemigo venga a condenarte, la sangre de Jesús se antepone entre tú y cualquier cosa de la que el diablo te acuse. Jesús pagó el precio y Dios te declara justa: sin culpa. Descansa en la seguridad de que Dios está de tu lado. Has sido limpiada de cualquier cargo por la corte suprema. Eres justa a los ojos de Dios.

Mas la senda de los justos es como la
luz de la aurora, que va en aumento
hasta que el día es perfecto.

PROVERBIOS 4:18

*D*ios sabe adónde vas. Mientras caminas
por la senda hacia el propósito de Dios
y su plan para tu vida, la luz del amor de
Dios brilla más con cada paso, acercándote
cada vez más a Él. Cuanto más le conoces,
más rápidamente conoces su voluntad y
sus caminos, y puedes caminar con más
seguridad en fe hacia su causa justa. Tus
pasos son firmes porque tu camino está
bien alumbrado con la bondad de Dios.
Estás en el camino correcto.

Sacrificio

Los sacrificios de Dios son el espíritu
quebrantado; al corazón contrito y
humillado no despreciarás tú, oh Dios.

SALMO 51:17

No importa dónde hayas estado, Dios te ama. A Él no le interesa tu pasado, sino que quiere darte un increíble futuro. Tú fuiste merecedora del sacrificio definitivo. Dios dio todo lo que tenía por ti, a un gran costo. Él te quiere más que a nada, eres el premio por el que su Hijo Jesús estuvo dispuesto a luchar y morir para restaurarte con tu Padre celestial. Dale tu quebrantamiento. Es un sacrificio que puedes permitirte.

Os ruego por las misericordias de Dios,
que presentéis vuestros cuerpos en
sacrificio vivo, santo, agradable a Dios,
que es vuestro culto racional.

ROMANOS 12:1

Tú eres la mayor casa que se ha construido nunca. El Rey de reyes desea establecer su residencia en ti. Igual que tú esperarías que se cuidara bien un palacio, deberías cuidar así tu propio cuerpo. Escoger vivir una vida pura y santa honra y glorifica a Dios. Tu carácter y comportamiento testifican de su residencia como la hierba del palacio habla de la familia real y su estatura. ¡Alégrate! Eres el templo del Dios Altísimo.

Porque [Dios] dice: En tiempo
aceptable te he oído, y en día de
salvación te he socorrido. He aquí
ahora el tiempo aceptable; he aquí
ahora el día de salvación.

2 CORINTIOS 6:2

La muerte de Jesús en la cruz fue el plan de Dios para llevarte al cielo cuando se acabe tu tiempo en la tierra, pero Dios tenía mucho más en mente de lo que te puedas imaginar. La muerte de Jesús, su sepultura y resurrección ofrecen libertad de cualquier atadura que tengas. Dios no quiere que te pierdas ninguna bendición. Déjale salvarte de la preocupación, la adicción, la deuda, la enfermedad y el dolor emocional. Cada promesa que hay en el libro te pertenece. No esperes para recibir su gran salvación.

Y habiendo sido perfeccionado,
[Cristo] vino a ser autor
de eterna salvación para todos
los que le obedecen.

HEBREOS 5:9

Verdaderamente eres la mujer perfecta. Puede que otros quieran sacar a la luz tu pasado o señalar tus errores, pero Dios te ha hecho perfecta a través de Jesucristo. Tu vieja vida ha pasado y todas las cosas son nuevas. Tienes un nuevo comienzo, una pizarra limpia. Dios no se acuerda de tu pasado. Cada pecado ha sido olvidado en su mente. Olvídalo en la tuya. Es un nuevo día con nuevos sueños. Has recibido toda una nueva vida. ¡Comienza a vivirla!

Satisfacción

Porque satisfaré al alma cansada,
y saciaré a toda alma entristecida.

JEREMÍAS 31:25

La satisfacción es el resultado de un trabajo bien hecho. A veces tu expectativa por las bendiciones de Dios te requiere presionar un poco más fuerte y estirar tu fe un poco más lejos para ver los resultados que le has estado pidiendo a Dios. Puedes estar segura de que todo tu esfuerzo será recompensado. Dios promete satisfacer tu alma; una profunda satisfacción que sólo Él puede proporcionar. Él te ha dado el poder de alcanzar tu destino, y no dejará que fracases. ¡Sigue! ¡Sigue!

El [Señor] que sacia de bien
tu boca de modo que te
rejuvenezcas como el águila.

La enorme riqueza del amor que Dios tiene para ti le empuja a derramar sobre ti su presencia y a acercarte a Él. El fresco aroma que permanece tras una lluvia de primavera es una invitación abierta a descansar en su misericordia y su gracia. El aleteo de las alas de un colibrí o la mirada tierna desde la cuna de un bebé envían un mensaje especial que expresa el amable deseo de Él de satisfacer tu corazón con todas las cosas buenas.

Seguridad

Por lo cual no resbalará jamás;
En memoria eterna será el
justo…Su corazón está firme,
confiado en Jehová.

SALMO 112:6-7

Dios es tu refugio seguro para todas las dificultades de la vida. Cuando las presiones de la vida parezcan más de lo que puedas soportar, aférrate de la estabilidad que encuentras sólo en Él. Tú eres suya y estás segura. Él está listo a recibirte con los brazos abiertos. La manta de su amor y compasión están ahí para rodearte y dar calidez a tu corazón durante las horas más frías de la vida. Permanece bajo su paraguas de protección durante las tormentas. Refúgiate en Él; ¡Él es tu santuario!

Confía en Jehová, y haz el bien;
y habitarás en la tierra, y te
apacentarás de la verdad.

SALMO 37:3

A lo largo de la Historia, los edificios de las iglesias han servido como un lugar de santuario para que criminales y deudores escapasen de la ira de los que querían devolverles los males causados. No podían ser tocados hasta que hubieran recibido un justo proceso y se les declarase culpables de sus delitos. Jesús te ofrece asilo de igual forma. Él ha pagado incluso la pena de tus delitos. La justicia de Dios que te fue dada es tu lugar seguro.

Autocontrol

Por tanto, ceñid los lomos de
vuestro entendimiento, sed sobrios,
y esperad por completo en la
gracia que se os traerá cuando
Jesucristo sea manifestado.

1 PEDRO 1:13

Hay momentos en la vida de cada mujer en que sus emociones cobran vida por sí mismas. Cuando esos momentos llegan a tu vida, Dios quiere que camines por fe y no por vista, siendo guiada por la confianza en Él en lugar de por tus sentimientos. El don del autocontrol te pondrá bajo la mejor luz de Él y te impedirá que respondas neciamente. Él está preparado para ayudarte a escoger el autocontrol. Cree en Él porque Él cree en ti.

Pero nosotros, que somos del día,
seamos sobrios, habiéndonos vestido
con la coraza de fe y de amor, y con la
esperanza de salvacióncomo yelmo.

1 Tesalonicenses 5:8

El autocontrol es la capacidad de controlar tu propio comportamiento, especialmente tus reacciones e impulsos. Sólo tú eres responsable de tus elecciones, decisiones y acciones. Dios te ha dado el Espíritu Santo para ayudarte a vivir tu vida tal como fuiste diseñada: de manera productiva y plena. No importa lo que otros hagan o digan, tú tienes el poder de hacer lo correcto. Dios te ha dado todas las herramientas necesarias para estar a la altura.

Servir a Dios

Reconoce al Dios de tu padre, y sírvele
con corazón perfecto y con ánimo
voluntario; porque Jehová escudriña
los corazones de todos, y entiende
todo intento de los pensamientos.

1 CRÓNICAS 28:9

Quizá Dios no te ha llamado a ser misionera
o predicadora del evangelio; sin embargo,
has sido llamada a servir a Dios, y es mucho
más fácil de lo que crees. Es simplemente
permitir que Dios que está en ti haga aquello
para lo que te ha equipado. Si te gusta hablar,
puedes ser de ánimo. Si te gusta cocinar,
quizá tienes el don de la hospitalidad. Dentro
de ti hay bendiciones para otros esperando a
ser entregadas. Todos los días estás sirviendo
a Dios, exactamente como Él lo planeó.

Jesús dijo: "Si alguno me sirve, sígame;
y donde yo estuviere, allí también
estará mi servidor. Si alguno me
sirviere, mi Padre le honrará".

JUAN 12:26

Servir a Dios no tiene límites. Hoy día las mujeres pueden servir a Dios de cualquier forma que deseen. Ningún llamado es demasiado grande o pequeño. Quizá estás criando a la siguiente generación —tus propios hijos— para servir a Dios. Quizá hablas a cientos de miles a través de libros o plataformas públicas. Que tu fe vuele y quite todo lo que te limite. Si sigues a Dios, Él hará que lo imposible sea posible. Cuando piensas que puedes, puedes.

Soltería

El soltero tiene cuidado de las cosas
del Señor, de cómo agradar al Señor.

1 CORINTIOS 7:32

Hay una época para todo en la tierra,
y eso incluye tu soltería. Ya sea que
estés soltera toda la vida o decidas un día
casarte, este es un tiempo especial, un
tiempo en el que eres libre para crecer, y
aprender, y acercarte más a Dios. La soltería
está llena de tesoros, y muchas solteras se
los pierden porque están enfocadas en el
futuro. Alégrate en el ahora, y observa lo
que Dios tiene preparado para ti hoy.

Cada uno tiene su propio don
de Dios, uno a la verdad de
un modo, y otro de otro.

1 CORINTIOS 7:7

La sociedad puede añadir mucha presión para que encajes en la norma de la vida de casado. Cobra ánimo en quién eres hoy, porque Dios tiene grandes planes para ti ahora; ¡no sólo en el futuro! Él no está esperando a que te cases para que puedas cumplir tu destino. ¡Tu plan y propósito en la vida eres TÚ! Puedes vivir decididamente para Él hoy y confiar en que Él se ocupará del mañana. Él te ha dado todo lo que necesitas para vivir una vida estupenda, ¿qué estás esperando?

Sueño

En paz me acostaré, y asimismo
dormiré; porque solo tú, Jehová,
me haces vivir confiado.

SALMO 4:8

Raramente, tu cuerpo fue diseñado como unas baterías. Se acaba y hay que recargarlo, y por eso el sueño es tan importante. Tu cuerpo se apaga y alcanza un punto en el que estás totalmente relajada. Luego comienzas a reposar y reconstruir. Es un momento de restauración para tu cuerpo y tu mente. El Señor te ha prometido la bendición de un dulce sueño. Puedes relajarte y consolarte sabiendo que Él nunca duerme sino que vela por ti en todo momento.

Yo me acosté y dormí, y desperté,
porque Jehová me sustentaba.
SALMO 3:5

El temor es lo contrario de la fe. A veces viene disfrazado de preocupación o desesperación, y muy a menudo intenta robarte tu precioso sueño. La Biblia dice que el amor echa fuera el temor y la fe actúa por amor. Cuando te duermas, piensa en lo mucho que Dios te ama. Edifica tu fe recordando todo lo que Él ha hecho por ti. Cuenta tus bendiciones en lugar de contar ovejas, y luego duerme tranquilamente en los brazos protectores de tu Padre.

Discurso

El hombre se alegra con la
respuesta de su boca; y la palabra
a su tiempo, ¡cuán buena es!
PROVERBIOS 15:23

Tus experiencias de la vida hablan de la fidelidad y el amor de Dios, y Él quiere que compartas lo que Él ha hecho por ti con otros. Alguien ahí fuera puede que esté luchando para dar el siguiente paso hace el amor y el plan de Dios para su vida, y tú puedes animarle compartiendo cómo Dios te ayudó durante los momentos difíciles. En el proceso, tu propia fe se fortalecerá. Tú tienes respuestas. Sé valiente y atrevida. ¡Comparte!

Panal de miel son los dichos
suaves; suavidad al alma y
medicina para los huesos.

PROVERBIOS 16:24

Se hace referencia a las mujeres en los
libros de Historia por sus discursos
inspiradores y su ingeniosa sabiduría que
ayudó a una comunidad, una ciudad, o una
nación a vencer la crisis. En ese momento
tan sólo estaban compartiendo una
palabra de ánimo. Ese mismo Dios que
les inspiró vive dentro de ti, y tú puedes
ser de inspiración para tu familia, amigos
y compañeras de trabajo. Puedes dar
sustancia para las almas de quienes te
rodean. Tus palabras tienen poder.

Crecimiento espiritual

Por tanto, nosotros todos, mirando a cara descubierta como en un espejo la gloria del Señor, somos transformados de gloria en gloria en la misma imagen, como por el Espíritu del Señor.

2 Corintios 3:18

Cada día, lo sepas o no, estás creciendo en el Señor, haciéndote cada vez más como Él. Simplemente porque su Espíritu vive en ti, estás siendo transformada desde dentro, reflejando la gloria de Dios que brota desde dentro de ti. Por eso a menudo sentirás un codazo desde muy dentro de ti para tratar con cierto asunto o para desechar un pensamiento o comportamiento negativo. Estás creciendo literalmente en Dios. ¡Qué maravilloso es eso!

Y esto pido en oración, que vuestro
amor abunde aun más y más en
ciencia y en todo conocimiento.

FILIPENSES 1:9

El Espíritu de Dios obra dentro de ti para transformarte a su imagen, pero debes hacer tu parte también. Tu tarea es responder a la obra que se está llevando a cabo en tu ser. Debes renunciar al pecado, edificar tu espíritu leyendo la Palabra de Dios, abrir tu corazón a la sabiduría y el consejo, y rendir tu vieja naturaleza para que sea reemplazada por la nueva. Tu crecimiento espiritual está diseñado para ser una colaboración entre tú y Dios. La obra a menudo es difícil, pero aporta una gran recompensa.

Fortaleza

Jehová es mi fortaleza y mi cántico,
y ha sido mi salvación. Este es mi
Dios, y lo alabaré.

ÉXODO 15:2

En el universo, hay realmente una fuente de fortaleza, y es Dios. Puede que otras sean fuertes por ti, a tu favor, pero no pueden impartirte esa fuerza. Cuando invitas a Dios a llenar tu corazón y tu vida, eres fortalecida desde tu interior. Su fuerza literalmente se convierte en tu fuerza. Eres capacitada para hacer, para permanecer firme, para luchar, para vencer. Si Cristo está ahí, no necesitas salir de ti misma para buscar esa fuerza. Busca dentro de ti y encontrarás todo lo que necesitas.

Todo lo puedo en Cristo
que me fortalece.
FILIPENSES 4:13

Probablemente estés más ocupada que
nunca, haciendo más de lo que nunca
has hecho. Quizá te sientes agotada: física,
mental y emocionalmente. Dios te ha dado
fuerza para tus días, incluso para los más
duros, porque Él es la fuente de la que
puedes sacar cuando te sientes que tu
suministro se está agotando. No tienes
que ir sola por la vida. Cuando le buscas,
Él siempre está ahí, listo para refrescarte.
Busca momentos tranquilos en los que
sumergir tu alma en su suministro. Saldrás
fortalecida y renovada.

Éxito

Pero la sabiduría es
provechosa para dirigir.
ECLESIASTÉS 10:10

Dios tiene grandes planes para ti. A veces tus propios planes pueden sonar más aventureros o incluso más lucrativos de lo que Dios tiene para ti; pero recuerda que Él todo lo ve y todo lo sabe: de comienzo a fin. Él sabe el mejor camino a tomar para llevarte a tu destino. Él ve los obstáculos en el camino, Él ve lo eterno y lo físico. Acepta el futuro que Él tiene para ti y serás una auténtica historia de éxito.

No que seamos competentes por
nosotros mismos para pensar algo
como de nosotros mismos,
sino que nuestra competencia
proviene de Dios.

2 Corintios 3:5

Dios te creó para el éxito, pero nunca planeó que lo adquirieras sola. Quizá experimentes una pequeña medida de éxito aquí y allá por tu propio esfuerzo, pero imagina dónde puedes ir en Dios. El verdadero éxito viene cuando estás dispuesta a decir: "No se trata de mí, sino de ti Señor". Entonces Él es libre para llevarte a un nivel al que sólo puedes llegar con su fuerza y su poder impulsándote. Entonces descubrirás el éxito duradero en Él.

Agradecimiento

Aclamad a Jehová, porque
él es bueno; porque su
misericordia es eterna.

1 CRÓNICAS 16:34

Cada una de las cuatro estaciones —otoño, invierno, primavera y verano— demuestra la gratitud de la creación a Dios por un trabajo bien hecho. Los árboles se postran ante el cielo cuando sus hojas caen al suelo. Los brillantes copos de nieve hablan de la majestad de Dios. Las flores de cada clase se postran ante la gloria de Dios en primavera, y el verano calienta ante el rubor de todas las bendiciones que Dios tiene para ofrecer. ¿Qué ha hecho Dios por ti? Toma un momento y expresa tu agradecimiento a Él a tu manera.

Mas gracias sean dadas a Dios,
que nos da la victoria por medio
de nuestro Señor Jesucristo.

1 CORINTIOS 15:57

Qué maravilloso dador es el Dios al que servimos. Él está en pie con una mano extendida, listo para darte los deseos de tu corazón. Toma un momento para darle gracias por los mayores regalos, los increíbles gozos que has experimentado, e incluso las pequeñas cosas que sabes que Él lleva a cabo para bendecirte de maneras inesperadas. Comparte con Él lo mucho que Él significa para ti. Exprésale tu agradecimiento. Él es digno de tu agradecimiento.

Pensamientos

En la multitud de mis pensamientos
dentro de mí, tus consolaciones
alegraban mi alma.

SALMO 94:19

Tus pensamientos producen tus actitudes y comportamientos: tus acciones. Estas son, de todos tus bienes físicos, los más poderosos. Tu Padre celestial quiere que dirijas tus pensamientos hacia la vida y la bendición. La Biblia dice que pensemos en las cosas que son puras, honestas, verdaderas, virtuosas, buenas y de buen nombre. Cuando controlas tus pensamientos, no pueden ser usados por el enemigo de tu alma para hacerte daño. Tus pensamientos te ayudarán a ser libre en cada aspecto de tu vida.

Llevando cautivo todo pensamiento
a la obediencia a Cristo.

2 Corintios 10:5

Dios te dio una mente creativa llena de una increíble capacidad para pensar y razonar. Tus pensamientos son el punto de partida de cada decisión que tomas y cada acción que emprendes. Tu buen Padre celestial te dio las pautas en su Palabra para ayudarte a decidir la dirección que debieran tomar tus pensamientos. Él te creó para cumplir cada sueño que Él puso dentro de ti. Piensa más alto; la manera de pensar de Él produce paz, salud, prosperidad, sabiduría y muchas bendiciones.

Confianza

Fíate de Jehová de todo tu corazón,
y no te apoyes en tu propia prudencia.

PROVERBIOS 3:5

Los miembros de un equipo tienen que confiar los unos en los otros para tener éxito en sus esfuerzos. Tienen que tener un cierto nivel de confianza en el otro y en sus capacidades para ayudarles a tener éxito. Dios confía lo suficiente en ti como para ponerte en su equipo eterno. Él tiene confianza en ti porque sabe que puedes hacer todo a través de Cristo, el cual te fortalece. Él te escogió para estar junto al capitán de tu equipo, Jesús, ¡y para salir a ganar!

Todo aquel que en él [Dios]
creyere, no será avergonzado.
ROMANOS 10:11

Cuando miras atrás en el viaje que has emprendido, recuerda las veces en que pusiste tu esperanza y confianza en Dios. El resultado puede que no fuera exactamente como lo habías imaginado, pero Dios siempre es fiel para hacerte salir. Cuenta cada bendición que Él te ha dado durante el camino, y considéralas trampolines hacia un nivel más alto de confianza. Cualquier cosa que estés afrontando hoy, puedes estar segura de que sus bendiciones no se detendrán. Él caminará contigo, durante cada paso del camino.

Siguiendo la verdad en amor,
crezcamos en todo en aquel que
es la cabeza, esto es, Cristo.

EFESIOS 4:15

Las palabras acaloradas realmente estresan las relaciones. Una mentira piadosa puede parecer más fácil de digerir que la pura verdad de una situación, pero Dios te ha bendecido con la ayuda de su Espíritu Santo para llevar la verdad a las vidas de los demás. Él conoce sus corazones y las palabras que se deberían decir para acercarles más a Dios y a ti. La verdad mezclada con amor es un rico tesoro, y cuando rebosa en tu corazón, se convierte en un hermoso regalo para los que te rodean.

Jesús dijo: "y conoceréis la verdad,
y la verdad os hará libres".

JUAN 8:32

Jesús es la verdad. Al igual que el oro de 24 quilates es oro puro —sin impurezas—, Jesús es verdad pura. La luz y la vida de Dios vive en ti; por tanto, la bendición de la verdad está siempre disponible para ti, ayudándote a saber y discernir lo que es bueno y correcto para tu vida. Jesús nunca prometió que tu caminar sería fácil, pero ha prometido no dejarte nunca. La verdad siempre está contigo, y puedes clamar a Él en cualquier circunstancia para alumbrar tu camino.

Espera

Esforzaos todos vosotros los
que esperáis en Jehová, y tome
aliento vuestro corazón.

SALMO 31:24

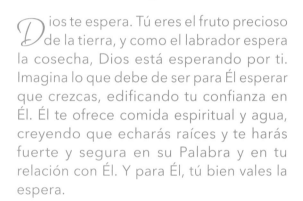

Dios te espera. Tú eres el fruto precioso de la tierra, y como el labrador espera la cosecha, Dios está esperando por ti. Imagina lo que debe de ser para Él esperar que crezcas, edificando tu confianza en Él. Él te ofrece comida espiritual y agua, creyendo que echarás raíces y te harás fuerte y segura en su Palabra y en tu relación con Él. Y para Él, tú bien vales la espera.

Pero si esperamos lo que no vemos,
con paciencia lo aguardamos.

ROMANOS 8:25

Esperar finalmente produce bendición tras un tiempo de transición. Considera una mujer con dolores de parto esperando el nacimiento de su bebé. No se sienta tranquila; está experimentando una labor activa. Está trabajando duro durante la transición. Qué emocionante saber que aquello por lo que le has pedido a Dios está de camino. A la vez que Dios trabaja tras el telón para producir todo lo que tú estás esperando, tu fe está trabajando preparándose para la llegada de su bendición.

Totalidad

Y el mismo Dios de paz os santifique por completo; y todo vuestro ser, espíritu, alma y cuerpo, sea guardado irreprensible para la venida de nuestro Señor Jesucristo.

1 TESALONICENSES 5:23

Los seres humanos —y especialmente las mujeres— somos excepcionalmente complejos. Las emociones del alma juegan con las actitudes de la mente y juntas impactan el cuerpo, el cual responde con intensidad para afectar a las emociones y establecer las actitudes. Por eso es importante estar totalmente rendida a Dios. Debes nutrir y alimentar cada aspecto de lo que tú eres. Pídele a Dios que establezca armonía en tu vida, mente y alma conforme a los caminos de Dios y un cuerpo que refleje paz interior.

Y [Jesús] le dijo: Levántate,
vete; tu fe te ha salvado.

LUCAS 17:19

E star completo es una cuestión de fe;
no necesariamente fe en que Dios va
a tocarte aquí y ahora, sino una fe de que
tendrás una integridad de espíritu, mente y
cuerpo al rendir todos los aspectos de tu ser
a Él y comenzar a servirle. Dios raramente
quita nuestras limitaciones antes de que
comencemos a recorrer el camino. En su
lugar, caen al suelo según nos disponemos
a andar por el camino. Pídele a Dios que
te haga estar completa –totalmente–, y
luego comienza a vivir tu vida al máximo.

Sabiduría

Porque Jehová da la sabiduría,
y de su boca viene el conocimiento
y la inteligencia.

PROVERBIOS 2:6

¿Alguna vez has tenido ese sentimiento profundo en tu ser de que deberías —o no deberías— hacer algo? El Espíritu Santo mora en ti, y está listo para darte la sabiduría que necesitas para tomar buenas decisiones en tu vida. Si estás escuchando, le oirás, pero Él es un caballero, y no gritará ni te obligará a que oigas lo que tiene que decir. Cuando más confíes en su guía, más crecerás en sabiduría.

El principio de la sabiduría es el temor
de Jehová; buen entendimiento
tienen todos los que practican
sus mandamientos; su loor
permanece para siempre.

SALMO 111:10

Cuando te encuentras en un apuro, no tienes que arreglarlo tú sola. Dios tiene respuestas a las preguntas que tienes, y puedes encontrar sabiduría en un versículo que Él te mueva a leer, o en una idea en una conversación con una amiga. Necesitas su sabiduría cada día. Dios está listo para ayudarte, así que lo único que tienes que hacer es pedirle ayuda y luego escuchar la respuesta. Ten ánimo; Dios tiene todas las respuestas que necesitas.

Trabajo

**El alma de los diligentes
será prosperada.**

PROVERBIOS 13:4

---

*I*ndependientemente de si trabajas en
una oficina, o en tu hogar, o en una
oficina en tu casa, cada mañana cuando
abres tus ojos tienes un trabajo que
hacer. Dios se agrada cuando te aplicas
diligentemente a la tarea que Él te ha dado.
Puede que sea un trabajo placentero, o
puede que no; pero tanto si es como si
no, míralo como un regalo que le haces a
tu Padre celestial por el día. Hazlo como
si Él estuviera viendo cada paso que das
porque, de hecho, lo está.

Dulce es el sueño del trabajador.
ECLESIASTÉS 5:12

Podría ser que Dios te hubiera pedido que trabajaras en una oscuridad relativa, donde nadie te viera o supiera lo diligentemente que trabajas. A veces te preguntas si realmente importa lo que haces; sí importa. Dios no te olvidará. Él será tu compañero día tras día, y te recompensará un día delante de todos. Trabaja, hija de Dios. Duerme bien por la noche sabiendo que Dios se agrada de ti.